EM BUSCA DO RIGOR
E DA MISERICÓRDIA

LOBÃO
EM BUSCA DO RIGOR E DA MISERICÓRDIA
REFLEXÕES DE UM ERMITÃO URBANO

2ª edição

EDITORA RECORD
RIO DE JANEIRO • SÃO PAULO
2025

CIP-BRASIL. CATALOGAÇÃO NA PUBLICAÇÃO
SINDICATO NACIONAL DOS EDITORES DE LIVROS, RJ

Lobão, 1957-
L776e   Em busca do rigor e da misericórdia: reflexões de um ermitão urbano / Lobão. – 2ª ed. – Rio de Janeiro: Record, 2025.
il.

ISBN 978-85-01-10657-5

1. Lobão, 1957-. 2. Músicos de rock – Brasil – Biografia. 3. Música popular – Brasil. I. Título.

15-25659
CDD: 927.824166
CDU: 929:78.067.26

Copyright © Lobão, 2015
Layout de capa: Estúdio Insólito sobre foto de João Puig

Texto revisado segundo o novo Acordo Ortográfico da Língua Portuguesa.

Todos os direitos reservados. Proibida a reprodução, armazenamento ou transmissão de partes deste livro através de quaisquer meios, sem prévia autorização por escrito.

Direitos exclusivos desta edição reservados pela
EDITORA RECORD LTDA.
Rua Argentina, 171 – Rio de Janeiro, RJ – 20921-380 – Tel.: 2585-2000.

Impresso no Brasil

ISBN 978-85-01-10657-5

Seja um leitor preferencial Record.
Cadastre-se e receba informações sobre nossos lançamentos e nossas promoções.

EDITORA AFILIADA

Atendimento direto ao leitor:
sac@record.com.br

Sumário

Agradecimentos 7
Introdução 9

1. Ação fantasmagórica à distância 13
2. *Lino, sexy & brutal*, uma ode ao trabalho em equipe 23
3. O quiproquó que foi o lançamento de *Manifesto do nada na terra do nunca* 27
4. Alguma coisa qualquer 53
5. O que é a solidão em sermos nós? 61
6. Olavo de Carvalho 75
7. Profunda e deslumbrante como o sol 87
8. Assim sangra a mata 97
9. A marcha dos infames 103
10. Os vulneráveis 113
11. Querem estatizar o direito autoral? Procure saber! 129
12. A esperança é a praia de um outro mar 139
13. Leve-me a seu líder 153
14. Os últimos farrapos da liberdade 165

15. Uma ilha na lua	185
16. A posse dos impostores e a abertura	191
17. Dilacerar	197
18. O rigor e a misericórdia	203

Epílogo — Uma prece 221

Agradecimentos

Gostaria de agradecer a todos os amigos que ajudaram na feitura deste livro, a meu editor, Carlos Andreazza, que me deu todo o suporte e liberdade, a Manuel Martinez, por suas preciosas e detalhadas informações sobre minha ida a Brasília, a Vinícius Carvalho, que me forneceu dados importantes sobre os bastidores políticos da capital, a Olavo de Carvalho, pela sabedoria, pela inspiração e pelo título, a minha amada mulher Regina, por sua infinita paciência em ler e reler o livro tantas vezes comigo, a João Puig, meu sobrinho e amigo, pela presença constante, a João Pedro (Abrava), meu amigo fiel do Twitter, que tanto contribuiu com farta documentação, e a todo o meu público, pelo carinho e pela força que tenho recebido.

Do fundo do meu coração, o meu amor e o meu muito obrigado.

Introdução

Manhã fria de garoa paulistana, Sumaré, maio de 2015.

Estou concentradíssimo, enfurnado em meu estúdio caseiro, no fundo do quintal, atrás do jardim, com minha gatinha, Maria Bonita, sempre do meu lado quando não no meu colo, cercado por uma variedade esfuziante de instrumentos, computadores e equipamentos de som, no meio das gravações do projeto que será o grande desafio da minha vida: meu próximo disco, *O rigor e a misericórdia*.

Além de gravar tudo sozinho, compor todo o material e tocar todos os instrumentos, para o que venho me preparando há anos, adicionarei a essa maratona demencial mais uma tarefa de fôlego: a de escrever este livro aparecido do nada, pois a ideia inicial seria produzir alguns capítulos suplementares para a segunda edição de *50 anos a mil*, no que seria a minha estreia pela Editora Record.

Contudo, ao começar o texto, com um relato minucioso de todo o processo de criação, elaboração, arranjo e gravação do disco, das histórias envolvidas em sua concepção, do contexto político desta era turbulenta que vivemos, concluí que se tratava de algo mais complexo e profundo que um mero apêndice de segunda edição.

Nascia, assim, o meu terceiro livro: *Em busca do rigor e da misericórdia*.

São quase cinco anos desde o lançamento de minha autobiografia, no final de 2010, e é mesmo difícil acreditar que tenha tanta história acumulada neste período para contar.

Percebi essa urgência (ou o livro a percebeu) ao repassar a torrente de fatos, eventos e confusões, como de costume protagonizados pela minha pessoa e coadjuvados por aquela clássica miríade de desafetos e fanáticos que tanto contribuíram para o nascimento de um consistente repertório de novas canções.

Mais urgente ainda é esta raríssima oportunidade de lançar simultaneamente ao disco um livro em que relato em profundidade a gênese e a gravação, *in the flight*, da obra. Um entrelaçamento criativo de dois rebentos muito queridos.

Há também uma série de passagens comoventes da minha vida cotidiana e o relato está longe de ser simplesmente um desfile de trapalhadas e empulhações de fundo político-ideológico, a cujo enfrentamento, no entanto, esta narrativa jamais se negará. Ao contrário. A atmosfera reinante em nosso país é presença ubíqua e referencial em praticamente todo este livro.

Vou, portanto, contar toda a trajetória do processo criativo, do nascimento à produção, das catorze novas canções. Como vieram as melodias, as harmonias, os detalhes dos arranjos

INTRODUÇÃO

e suas intenções, em que instrumentos foram compostas, juntamente com suas letras, e as histórias do trabalho, os *insights*, os livros que li no período, o panorama externo em que me encontrava e as pessoas que as inspiraram.

Como cenário mais amplo dessa delicada e singela saga doméstica, a dura realidade de viver no Brasil em um dos piores momentos de sua história (senão o pior!). A atmosfera de estupor, os clichês cafonérrimos que nos tiranizam, os ódios irreconciliáveis e os retrocessos doutrinários que interferem e se impõem na vida diária do brasileiro. Tudo isso num ambiente de convulsão social, de greves, de panelaços, em que o aparelhamento no judiciário serve para aliviar seus aquadrilhados de qualquer punição, em que o assistencialismo se converteu em curral eleitoral, em que o "socialismo do século XXI" (o bolivarianismo) está mais próximo do fascismo do que do próprio socialismo do século XX, e, claro, em que a classe artística, sempre ela, segue firme com seu coronelato particular atrelado a promíscuas relações com o poder.

Toda essa gororoba indigesta de eventos tenebrosos marca de forma indelével as nossas vidas e faz do país uma republiqueta vil, desimportante e diminuta. O que se soma a uma imprensa majoritariamente dependente de verbas estatais, a uma oposição sonolenta, salvo raras exceções, conjunto que nos cospe em uma atmosfera moldável, fisiológica e estéril, e que consegue nos impingir um decréscimo tragicômico: do status liliputiano de *Terra do Nunca* para o nanismo microrraquítico de *Terra do Menos*.

Como em uma lúgubre chanchada, nós, brasileiros, somos obrigados a engolir a seco as lambanças e a incompetência de uma presidente caricata, a aturar um partido político de fanáticos que age a reboque de credos ideológicos obsoletos, seu cacique-mor, Lula, vivendo à sombra da real possibilidade de ir para a cadeia; mesmo assim, na evidente condição de cadáveres políticos, insistindo em permanecer no poder, a qualquer custo, abastecendo um gigantesco panelaço de pressão prestes a estourar em todos os setores da sociedade e a nos levar a um inevitável conflito de grandes proporções.

Minha missão aqui é abordar os paroxismos desse momento tão delicado, e com o olhar de quem está dentro do furacão, um dos elementos que figuram na singela lista negra do PT, de forma que não omitirei os embates, as perseguições que sofro, as minhas réplicas, porque reajo, as ameaças que recebo, as escaramuças e os seus desdobramentos renascidos em canções e neste livro.

O resultado é uma estranha mistura, uma narrativa poético-político-musical, que alterna entre a violenta exposição pública a que me submeti e a serena e intensa atividade interior, meu mundinho, minha disciplina, minhas ideias e músicas, os aconchegos, manias, amores, perdas e conquistas.

Espero que estas páginas divirtam e comovam, que mobilizem indignação, concordância e discordância, que despertem alguma paixão e que ao mesmo tempo permitam a leitura, sincera e honesta, de toda a intensidade, a crueldade, a beleza e a velocidade de minha busca pelo rigor e pela misericórdia.

1
Ação fantasmagórica à distância

Ainda não havia percebido o quanto de minha vida, de minha maneira de ver as coisas, de minhas relações com as pessoas, seria radicalmente afetado após o desafio de escrever a minha biografia.

Então, o momento de cumprir a promessa feita a mim mesmo, de "desengavetar" grande parte do que arquivara com meu método pessoal (o de "dar um tempo para digerir o tranco"), havia chegado. As emoções estavam afloradas, com todas as recordações em desfile. Uma bela conjugação para se criarem canções.

A primeira coisa que me veio à cabeça: vamos compor um disco novo, João Luiz? (Essa é a forma como me trato quando falo sozinho.) Com um estúdio atrás de minha antiga casa, na Pompeia, todos os instrumentos ao meu redor e uma alma renovada pelo feito de ter escrito mais de novecentas páginas em uns seis meses, imaginei que algo de novo pudesse brotar em termos de música.

Vasculhar as próprias entranhas resulta sempre num estado emocional muito sensível e propenso à criação, e o sentimento que primeiro saltou de meu coração, para minha surpresa, foi uma saudade imensa de meu pai.

Escrever sobre nossa tumultuada relação, nossas impossibilidades e entraves afetivos, sobre sua morte abrupta me encheu de amor filial. Senti que a hora de sair de um luto velado, catatônico e não assumido, de mais de oito anos, estava por chegar.

Nada poderia ser mais emocionante e desafiador do que tentar compor uma canção de amor e reconciliação para meu pai.

Vocês devem imaginar o quão perigoso é escrever obras dessa natureza, porque o risco de se tornarem piegas e artificiais é imenso. Assim, iniciei uma busca exaustiva de um conceito, de uma forma interessante e original por meio da qual pudesse veicular meus mais sinceros sentimentos.

Para dar início ao processo de criação, logo me veio a lembrança de um depoimento de Michio Kaku, professor de física teórica do City College de Nova York, autor de vários livros e apresentador de programas sobre ciência e ficção científica, que certa vez declarou sentir falta da presença da poesia nas novas descobertas da ciência, lamentando perceber uma grande lacuna na produção poética contemporânea, que não abordava temas tão maravilhosos como os que a ciência tem nos presenteado.

AÇÃO FANTASMAGÓRICA À DISTÂNCIA

Novas teorias, a física quântica, as fotos estonteantes de longínquos rincões do universo, buracos negros, nebulosas, berçários de estrelas, supernovas monumentais, quasares, pulsares, viagem no tempo, energia escura, matéria escura, horizonte de eventos, teoria das supercordas, universos paralelos, e por aí vai, num sem-número de descobertas e formulações altamente inspiradoras.

Sempre fui fascinado com tudo isso e instantaneamente me apareceu uma ideia que poderia ser desenvolvida: a do entrelaçamento quântico! Ou, trocando em miúdos: a de que duas partículas podem se entrelaçar, interagir, se abraçar, se comunicar de maneira tal, que uma afetaria imediatamente a outra, não importando o limite de distância entre elas, mesmo que situadas em lados extremos opostos do universo.

Einstein chamou esse fenômeno de "ação fantasmagórica à distância" (*spooky action at a distance*), e o nome em si já seria um prato cheio ao desenvolvimento artístico do tema.

Imaginei minha relação com meu pai, onde ele pudesse estar (ou não) depois de morto, através de um teletransporte transcendental, uma metafísica do possível no impossível, por entrelaçamento quântico. Nesse instante, tive o pressentimento de que o universo clamava por ser observado por nós, e de que nós seríamos uma espécie de sentido do universo. (Tratarei desse forte sentimento com o universo posteriormente.)

Esses *insights* iriam me perseguir por semanas (na verdade, me perseguem até hoje) antes que saísse alguma coisa de objetivo. Como a tal letra não vinha, dei uma desapegada e me pus a procurar um instrumento com que não tivesse lá muita intimidade, que possuísse uma ergonomia diferente do violão ou da guitarra, outra afinação, outra ação; algo que me pudesse conduzir a um reino musical menos explorado e conhecido.

Olhei para a minha viola caipira no canto do estúdio e parti para ela. Imaginei que, por suas características de timbre e afinação, eu seria levado a compor algo predominantemente modal, baseado numa tônica forte, como um ré maior, caracteristicamente nordestino. Para minha surpresa, porém, o que apareceu foi uma espécie de choro híbrido, cheio de harmonias e com um buquê de música celta.

Uma harmonia que dava chão para uma bela melodia na primeira parte, um refrão em tom maior, vigoroso e alegre, seguido de sua conclusão. A melodia logo se encaixou naquele tecido harmônico, e lá estava eu, feliz da vida, emocionadíssimo com minha nova cria: um tema bem estruturado, cadenciado como um choro, algo que me fez lembrar Paulinho da Viola, Garoto, João Pernambuco... E então só faltava a tal da letra.

Fui dormir exultante, na esperança de que, depois de uma noite bem-dormida, teria a graça de acordar apto a dar vida a mais uma canção. E não deu outra. Pulei da cama de manhã bem cedo, tomei uma xícara de café, um biscoitinho de castanha, e fui direto para o estúdio. Peguei a viola e executei a melodia sentindo a felicidade e o alívio de não ter me esquecido de nada. Dali em diante, apliquei um método que jamais praticara: gravar o tema, viola e voz, e me debruçar no teclado do computador para pescar a letra do éter com absoluto rigor em relação à métrica e ao ritmo concedidos pela melodia. (Quando fazemos a letra antes, é ela que nos fornece os caminhos para chegar à melodia e ao ritmo musical, que já traz em seu bojo.)

    Sempre me utilizei da velha receita que é caneta e uma dezena de blocos ao meu redor, mesmo tendo uma caligrafia horrorosa e ininteligível. Acreditava que o ritmo da escrita no papel me dava um determinado tipo de conexão com meus *imprintings* baterísticos, facilitando assim minha intuição e fruição. É bom poder demolir certos fetiches. Foi o que aconteceu com o nascimento de minha primeira letra escrita sobre um teclado de computador. E como foi rápido! Em menos de quarenta minutos, estava pronta, já em sua forma definitiva.

    Acho que o fato de escrever o livro me aproximou do teclado, mais um elemento de transformação importante na minha vida, pois a grande maioria das letras que viriam depois seria concebida daquela maneira. Sem contar que não mais perderia 90% de tudo que colocava no papel, consequência de minha horrível caligrafia.

    Confesso que eu mesmo me surpreendi com a descarga emocional que me invadiu. Não conseguia cantar a canção até o final sem desabar num torrencial choro, e logo me ocorreu que, a persistir, aquela reação constrangedora significaria a impossibilidade absoluta de executá-la em público. Estava possuído de um desejo intenso de abraçar meu pai e de uma tremenda vontade de cantar a música inteira sem fraquejar, o que ainda demoraria.

    Após dezenas de tentativas, trêmulo de exaustão, respirei fundo, me concentrei e finalmente consegui levá-la de ponta a ponta. De novo, uma alegria descomunal tomou conta de mim.

Eu beijava a viola caipira, beijava o teclado, beijava meus braços, minhas mãos, meus cotovelos, e pulei da cadeira vibrando como se tivesse acertado na loteria. Seria difícil mensurar a intensidade de tantos sentimentos fortes, todos juntos a eclodir na minha alma. Felicidade, tristeza, perda, ganho, descoberta, invenção, criação, reconciliação, amor, entrelaçamento...

Sim! Naquele instante mágico, enfim meu luto acabara, e passei a me entrelaçar com meu pai por pura invenção, por amor, por método, por pura vontade.

Todas as tragédias, impossibilidades, distanciamentos, brigas, tudo isso, como num milagre, desaparecera, evaporara com minhas lágrimas, com minha nova canção, meu novo bebê, com a sensação mágica de perceber que aquele pedaço de letra misturado àquela sequência de acordes nunca havia existido e que se manifestava pela primeira vez ali, naquele momento.

Uau! Não havia como negar que me dava um presentão.

Por isso, sempre afirmei que compor, tocar um instrumento, escrever, essas práticas integram um processo de cura. Isso é uma realidade sólida, pelo menos para mim. Percebi claramente que, a partir daquele instante, jamais me deixaria entrar em depressão de novo, que jamais me recolocaria naquela ciranda mórbida de suicídios familiares, que jamais me reaproximaria daqueles infortúnios e torturas na alma que por tanto tempo me impeliram a repetir padrões.

Meu Santo Deus!

Que dádiva maravilhosa me foi concedida ao poder desfrutar de uma habilidade que me conduz, ela mesma, à minha própria redenção. Impossível ignorar a transcendência de tudo. O universo é inteligente. Eu sou o universo sendo curioso. Sou um sentido do universo.

E assim, numa manhã de outono de 2013, nascia a primeira canção da safra que resultaria no repertório de meu disco *O rigor e a misericórdia*. Nascia a minha tão esperada canção de amor e reconciliação com meu pai, uma canção de alforria, de libertação de um luto de oito anos. Nascia uma canção que simboliza a sublimação de vários eventos trágicos e que foi fruto de todo o estofo acumulado pela escrita da minha vida.

Era a minha vida, cantada, vindo ao meu socorro.

Deu certo!

Nascia, de todo esse entrelaçamento, a "Ação fantasmagórica à distância":

Vou te contar,
Como tenho feito nesse tempo
Pra não gritar,
Toda falta que eu sinto
Daquelas coisas pequeninas
Que a gente tentava viver, mesmo com as brigas,
Mesmo longe de você

Não vou deixar
Que alguma coisa impeça de você
Me habitar
E viver comigo toda a minha vida e além
Numa espécie de ação fantasmagórica
Onde poderemos ser
Um só

EM BUSCA DO RIGOR E DA MISERICÓRDIA

Ser o Amor
E botar toda a conversa em dia e rir
de toda a dor
Que a gente, por bobagem, passou
E brincar, e viver todos nossos sonhos
Sem a distância para nos maltratar
E, enfim, desfrutar
E, enfim, concordar
E, enfim, e, enfim... um só

No vácuo da simpatia e do entusiasmo em ter ritualizado uma reconciliação com a minha história através da música, imaginei ser esse um caminho aberto para outras façanhas do mesmo porte.

Apesar de, não sei por que cargas d'água, ainda não haver tido na intenção dela o mesmo estímulo emocional espontâneo que se destinou a meu pai, me vi instigado a adotar o mesmo caminho em busca de minha mãe.

Algumas semanas depois, eu receberia uma relíquia: meu violão Del Vecchio voltava de uma reforma radical, por meio da qual, seguidas as minhas recomendações, consegui replicar o primeiro instrumento da minha vida. O violão da minha mãe, em que aprendi, com ela, os primeiros acordes, de que acabei me apoderando depois e que permaneceu comigo até quando me o roubaram, logo depois da conclusão do repertório de *Cena de cinema*, todo composto nele. (Criei no mesmo instrumento "Girassóis da noite" e "Tudo veludo", músicas anteriores ao meu primeiro disco, mas que só seriam gravadas em 1987, no *Vida bandida*.)

AÇÃO FANTASMAGÓRICA À DISTÂNCIA

Era uma nova encarnação, agora todo preto, boca branca, cordas Canário de pompom. Uma joia rara! Tudo me levava a crer que estava diante de um novo e intenso processo criativo-catártico, de modo que a primeira coisa que fiz foi entrar no estúdio e dedilhar meu novo instrumento, que trazia o mesmo cheiro, a mesma pegada, a mesma sonoridade daquele que me formou musicalmente.

Com tantos fatores significativos, não demoraria a surgir um tema interessante, logo pavimentado com uma melodia. Ao cair da tarde, ali já havia uma canção para minha mãe. No entanto, a tal mágica não aflorava como esperado... Mesmo assim, não hesitei e comecei a escrever a letra, em busca da emoção que não vinha, não com a espontaneidade esperada. A letra acabaria saindo, cantei o resultado algumas vezes, mas, sinceramente, não sabia exatamente o que sentir. Pensei com meus botões: "João Luiz, não encana e vai dormir. Grava a música e amanhã você ouve."

E assim foi. Acordei bem cedinho, como me é de costume, curiosíssimo para saber o que sentiria ao ouvir aquela canção. No estúdio, liguei o som, acionei o play na máquina e, para meu espanto e total constrangimento, achei uma tremenda porcaria. Quanto sentimento postiço e forçado, quantos artifícios sentimentaloides! "Mas que canastrão, João Luiz!", murmurei com um sorriso triste. Que vergonha senti de mim mesmo. Fiquei com uma inexplicável ressaca moral por semanas.

Para meu desencanto, percebi que nem sempre as mágicas funcionam e que temos a obrigação de seguir com honestidade os nossos sentimentos, pois, quando assim ocorre, nada pode deter o processo criativo. Contudo, quando a criação afetiva é engendrada de forma artificial, estamos fadados ao fracasso.

Portanto, minha mãe, deixemos o tempo dizer quando nos entrelaçaremos de novo.

2

Lino, sexy & brutal, uma ode ao trabalho em equipe

Logo após o lançamento de *50 anos a mil*, minha atenção se voltou toda para o desenvolvimento de um repertório novo, aproveitando a maré de canções novas como "Das tripas coração" e "Song for Sampa", que surgiram enquanto escrevia o livro.

Contudo, as coisas não caminhariam assim. A publicação da obra me levou a muitas viagens, feiras literárias e palestras, e uma agenda polpuda de shows foi se formando, tudo isso e mais o fato de eu não ter as condições técnicas (equipamentos e conhecimento) necessárias para empreender o sonho de produzir um disco inteiramente em casa.

Com o sucesso da turnê de 2011, que percorreu todo o Brasil, veio a ideia de registrá-la em DVD, convencido pelo

André Caccia Bava, meu querido amigo e grande guitarrista, a filmar e documentar um show elétrico, o que nunca fizera. Na verdade, me animei porque era um projeto diametralmente oposto ao de tocar tudo em casa. Tratava-se de uma celebração do entrosamento de nossa banda, eu, André (guitarras e vocais), Dudinha Lima (baixo e vocais) e Armando Cardoso (bateria), à qual se somava um convidado muito especial, um de meus *guitar heroes*, a personificação do rock: Luiz (Sergio) Carlini.

Numa dessas apresentações, enquanto passávamos o som, Carlini, com aquele sotaque característico da Pompeia, me daria uma dica: "Lobo, por que não canta 'Ovelha negra'? Na verdade, a grande ovelha negra da música popular brasileira é você."

Taí... Eu jamais pensara em interpretar "Ovelha negra" por considerá-la a cara da Rita Lee, por ser uma canção muito referencial dela, mas, pensando bem, em certo aspecto a letra tinha realmente a ver comigo. Bastava trocar "filha" por "filho" e eu teria uma história muito semelhante à minha mesmo. E assim foi.

Decidimos fazer um único show, no antigo Palace, em São Paulo, num domingo de 2011, dia de Rock in Rio. Peguei toda a grana que ganhara com as vendas do livro e coloquei naquele projeto. Uma produção esmeradíssima: os melhores equipamentos, microfones, mesa de som, compressores, equipe de filmagem etc.

O resultado foi o registro de um espetáculo de mais de três horas, com direito a quatro retornos ao palco e com a casa lotada.

LINO, SEXY & BRUTAL, UMA ODE AO TRABALHO EM EQUIPE

Dezenas de pessoas empunhavam a capa de *50 anos a mil*. O lançamento do livro, aliás, estabeleceu uma relação de intimidade e afeto muito grande com a plateia, de uma forma nunca antes experimentada por mim, o que era potencializado pela minha felicidade, pelo meu orgulho em poder unir aquele grupo de profissionais extraordinários para realizar um trabalho dedicado, inspirado e amoroso.

Uma de minhas maiores satisfações no projeto residiu em que seu repertório fosse baseado no *Canções dentro da noite escura*, que teve divulgação quase nula, e em ouvir músicas como "A balada do inimigo", "Não quero seu perdão", "Você e a noite escura" e "Vamos para o espaço", além de "Das tripas coração" e "Ovelha negra", tocadas com aquela banda e com aquela sonoridade.

Ter o Carlini registrado em CD e DVD, tocando comigo, foi como um sonho, fora o orgulho de formar com uma das melhores bandas de minha carreira.

Apesar de o disco continuar relativamente ignorado pelas rádios, teve uma boa visibilidade no Multishow, que vira e mexe o exibe em sua grade. A crítica especializada foi muito positiva, e confesso que me surpreendi e me emocionei com a acolhida favorável. A crítica de Jamari França, em *O Globo*, tinha a seguinte manchete: "'Lobão Elétrico, Lino, Sexy & Brutal' é o melhor DVD do ano."

A história da produção e da trajetória desse disco é muito representativa do artista que sou. Tenho hoje clareza sobre o que *Lobão elétrico, lino, sexy & brutal* significou em minha carreira. Em suma, alçou-me a um novo patamar de excelência musical e teve grande impacto, decisivo mesmo, no modo como encaro o mundo e me coloco nele. Foi a primeira experiência com o público após minha biografia, e ali percebi que tudo mudara. Não havia mais carapaça, uma *persona*, um personagem, aquela armadura por meio da qual me defendia do universo. O João Luiz, o Lobão, o Xurupito, todos finalmente eram uma só pessoa. E eu sentia, com a finalização daquele trabalho, que não poderia escapar, que estava pronto a enfrentar o tão esperado desejo de produzir um disco todo sozinho, em casa. A hora havia chegado.

3
O quiproquó que foi o lançamento de *Manifesto do nada na terra do nunca*

50 anos a mil fora um tremendo sucesso. Eu finalmente havia conseguido apresentar minha história em um texto emocional, profícuo e sincero.

Penso em "meu texto" e lembro que esse singelo e autêntico ato de escrever minha própria biografia acabaria por se tornar uma armadilha para os incautos que tentaram (não sei por que) diminuir a genuinidade da minha autoria. Um dos quais o nosso mui querido cantor, compositor e até escritor, o suave Caetano Veloso, que, inadvertidamente, escreveria em *O Globo*, em 27 de março de 2011, a seguinte pérola: "Toda a grita veio com o corinho que repete o epíteto 'máfia do dendê', expressão cunhada por um tal Tognolli, que escreveu o livro de Lobão, pois este é incapaz de redigir (não é todo cantor de rádio que escreve um *Verdade tropical* [a história da tropicália escrita por Caetano])."

Em sua costumeira presunção, sempre alguns tons nem tão geniais assim acima de seu real valor, mano Caetano, em sua ejaculação verbal precoce e na ânsia de defender o indefensável no episódio patético da mamata de sua maninha, a abelha-rainha Maria Bethânia (que pediu R$ 1 milhão, pela lei Rouanet, para produzir um blog de poesias), deixou patente que sequer folheara o livro.

Livro que escrevi, sim, e que, ao contrário do nobre colega, escrevi muito bem escrito. Eu sou um leitor. E sempre estou atento às obras da turma, de modo que, com inimaginável condescendência, em ato diametralmente oposto ao de Caetano Veloso, li a tal *Verdade tropical*, a respeito da qual posso afirmar sem dúvida: uma bela porcaria.

Sendo uma das figuras mais indefinidas (ou não), abstratas (ou não) e circunstanciais (ou não) de nossa cena musical, querer decretar em livro uma "verdade", com especulações *umbiligocêntricas*, é no mínimo jocoso. E ainda se envaidecer da lambança, sem entrar em uma crise ao menos, é mais constrangedor ainda. Como sempre digo: é subestimando o inimigo que se perdem as guerras. Portanto, agradeço a desatenção.

A participação de meu querido amigo Claudio Tognolli, um dos maiores jornalistas investigativos do país, na minha autobiografia restringiu-se à pesquisa, especialmente no levantamento sobre referências a meu nome na imprensa

O QUIPROQUÓ QUE FOI O LANÇAMENTO DE *MANIFESTO*...

desde que me tornei figura pública, e à colheita de depoimentos a meu respeito para o apêndice, um trabalho de fôlego e fundamental para o livro, mas que não alcançou o texto, a narrativa.

Nosso bardo de Santo Amaro da Purificação amargou uma dupla derrota: tentou tirar onda com seu livro autocentrado e, pois, irrelevante, e, atirando a esmo, errou o alvo ao mirar contra mim como alguém incapaz de redigir. Mas isso tem história... E precisa ficar, de início, na conta do melífluo preconceito dos *MPBistas* para com os roqueiros: o *dendê-boys way of cursing*. Era, aliás, apenas o começo.

Na intensa agenda de lançamento promovido pela minha então editora, a Nova Fronteira, fui convidado a dar dezenas de entrevistas em programas de TV e emissoras de rádio, e a palestrar em feiras de livros e universidades. Apresentadores de TV como Jô Soares e Marília Gabriela, entre outros, me tratariam com doçura e carinho comoventes, mostrando interesse e simpatia pela minha história. Atenção que misteriosamente (ou não) evaporaria por ocasião de meu segundo livro, *Manifesto do nada na terra do nunca*, cujo surgimento coincidiu com meu corte de todos os programas televisivos, com exceção do de Danilo Gentili. Mas ainda chegaremos lá.

Senti, eis o que importa por ora, que o impacto do livro surpreendentemente ajudara a arrefecer, a reverter aquela imagem de homem mau que sempre foi associada a mim.

Mesmo com todas as intempéries, loucuras e prisões acumuladas na minha trajetória, *50 anos a mil*, com seu caráter verdadeiro, íntegro, franco, peito aberto, faria prevalecer o cara que realmente sou: um homem, acima de tudo, livre, independente.

Houve também um efeito colateral curioso sobre a divulgação de meus discos mais recentes, fenômeno bem evidente em meus shows, para os quais os fãs passaram a levar exemplares de *50 anos a mil*, uma prática deliciosa, e a clamar por canções mais obscuras e recentes do meu repertório: "Xurupito", "Xurupito"!

Percebi, pela primeira vez na minha trajetória de artista, que me livrava de uma pesada carapaça de personagem assustador, algo construído por mim, por meio do qual me sentia protegido das intempéries da vida. Iniciava-se uma nova fase e isso era notório e em todos os sentidos.

Creio que essa *persona* negativa eu a construí a partir de 1971, quando tive a consciência de que dominava a bateria completamente. Minha imagem pública, aquela que ganharia o mundo, a de músico, era a única sobre a qual meu pai não tinha controle. E eu, claro, investi nela. Era um caminho à liberdade. O caminho. Então, deixei o cabelo crescer e me larguei, de repente admirado pela minha atitude, desapegado do CDF de outrora. Descobri que, na base do grito, tornava-me invulnerável, o que me protegeria tanto quanto progressivamente me isolaria de minha própria essência. Nada como o tempo, porém. Nada como mais de quarenta anos corridos... E eu finalmente me libertava do que fora, no passado, meu ideal de libertação.

Claro que nem tudo seria mar de rosas. Minha verve para o atrito e para despertar paixões mais descomedidas

O QUIPROQUÓ QUE FOI O LANÇAMENTO DE *MANIFESTO*...

estava mais aflorada que nunca; porém, daquele momento em diante, com um inédito e explícito diapasão de fofura, doçura e amorosidade. É libertador não ter medo de ser uma criatura querida, fofa e meiga... Para alguns. Alguns muitos.

Fato é que minha oposição ao PT e a seus desmandos se acirrou. E que minha posição pública representou, sobre um vasto segmento da imprensa, uma drástica transformação de comportamento a meu respeito. De uma hora para outra, eu era um dos mais possantes e detestados inimigos desse partido de *paumolengas* rançosos.

Minha atuação nas redes sociais se intensificara bastante depois de 2010, logo após o lançamento de meu primeiro livro, e coincide com a célebre palestra em Casimiro de Abreu, quando fiz uma precisa análise do funcionamento mentiroso e assimétrico da tal Comissão da Verdade.

A mobilização por deturpar completamente o que disse foi imediata e imensa, mas não havia muito mistério no que declarei: crime hediondo é crime hediondo em qualquer lugar do mundo e deve ser punido como tal, sem distinção, sem valoração ideológica. Falava, claro, dos crimes cometidos, de ambas as partes, durante a ditadura brasileira. Justiça é justiça e tem de ser para todos. Ou se punem todos ou ficam todos anistiados. Tanto aqueles que promoveram a luta armada, sequestraram aviões para Cuba, justiçaram companheiros e assassinaram inocentes quanto os que torturaram nos calabouços das unidades militares.

Se fosse para ignorar a barbárie dos guerrilheiros que esquartejaram um adolescente, vivo, na frente de seus pais, nas matas do Araguaia, que se ignorasse também a barbárie dos porões.

Eu tinha consciência da picardia com que abordei o assunto. Foi proposital. E sabia que a reação da esquerda seria a mesma, previsível, de sempre: editar o fato sob os efeitos da síndrome de percepção assimétrica; em outras palavras, espalhar furiosamente que eu era a favor da tortura e da ditadura militar.

Minha manifestação pretendeu provocar, com sucesso, novas erupções, das quais pudesse colher material fresco para flagrar os esquerdistas em mais um ato de descarada desonestidade intelectual, de distorção da realidade e de incremento do ódio através da repetição, como um mantra, da mentira.

Esse evento decreta a inauguração da minha fase de reacionário.

A partir de então, em ritmo progressivo, iniciaram-se ataques contumazes a minha pessoa, todos calcados nessa estúpida e perigosa forma de odiar mentindo. O ódio que decorre da crença nos próprios delírios. Quantos, milhões, já morreram, assassinados, pelos desdobramentos dessa doença?

A figura do ofendido de carteirinha (sempre digo que a ofensa é o expediente do imbecil) me estimulou muito a escrever um novo livro, cuja ideia saiu de um *insight* relâmpago que tive depois de uma sesta. Um livro sobre essa mórbida paralisia em que nos encontramos há tanto tempo. Eu precisava mergulhar em questionamentos como: por que os intelectuais brasileiros são, em sua esmagadora maioria,

O QUIPROQUÓ QUE FOI O LANÇAMENTO DE *MANIFESTO*...

tão unívocos e quase sem qualquer nuance de pensamentos?; por que esse deserto de opções ontológicas?; por que tudo que não se coaduna com esse monomaníaco pensamento reinante vira um tabu a ser perseguido e eliminado, jamais ponderado e discutido?; por que os debates, já tão escassos em outras eras, foram aterrados na vida pensante brasileira?; por que todo pensador, artista, produtor de alguma cultura no Brasil, caso não esteja atrelado aos cânones do *mainstream*, à ortodoxia pouco esclarecida de nossa *intelligentsia*, é, via de regra, tratado como um pária, como irrelevante, como um inimigo candidato a se tornar um nada?

Desses singelos questionamentos nasceu triunfalmente o título do livro, com todo seu corolário de conceitos sintetizados, já muito indicativo de quão explosivo, odiado e desafiador seria o *Manifesto do nada na terra do nunca*.

É uma beleza escrever algo a partir de um título, sobretudo um com tal poder de enunciação, e sentir dali emanar o impulso a seus desdobramentos imediatos. Era a escrita que me convocava. E assim foi: no dia seguinte ao *insight*, acordei com um poema praticamente pronto na cabeça, obra caudalosa e provocadora que se transformaria no prólogo do livro.

Logo veio a ideia de mergulhar nos escritos dos ícones e líderes da Semana de 1922, Mário de Andrade e Oswald de Andrade, e então comecei a escrevinhar, nas próprias páginas dos livros, notas de discordância absoluta contra o *Manifesto Pau-Brasil* e o *Manifesto antropofágico*. Diante da torrente de anotações entre os parágrafos dos textos, me ocorreu fazer daquilo um diálogo com Oswald e assim nasceu o epílogo de meu *Manifesto*, que, no intervalo de uma semana apenas, tinha título, início e fim. Só me restava desenvolver o miolo.

Apesar de o *Manifesto* ter volume de texto menor que *50 anos a mil*, concebê-lo me deu muito mais trabalho. Percebi que uma reflexão daquela natureza, com aquele teor tão explosivo, na contramão de quase todas as vertentes culturais e filosóficas brasileiras, não poderia ser desenvolvida sem muita pesquisa, muitas consultas, e sem a leitura de quase uma centena de livros.

Houve momentos em que parei de escrever por semanas a fio, apenas lendo, assistindo a documentários e anotando informações. Acabei por concatenar e alinhavar a extensa tradição de subserviência bovina de gerações de intelectuais e artistas brasileiros, de todas as áreas de produção cultural, ao gesso político-estético da Semana de 1922.

Daí foi um pulo para constatar as causas da baixa qualidade de nossa produção, da ausência de multiplicidade, de nuances, de pluralidade no pensamento brasileiro, da monotonia monocórdia dos movimentos subsequentes ao de 22, como o Cinema Novo e a Tropicália, da condição postiça da fabricação nos laboratórios do ISEB da pretensiosa sigla MPB.

Abordei também os gêneros apadrinhados por esses intelectuais, como o rap e o funk (o que dará ensejo a uma reação irracional no imbróglio com os Racionais, de que tratarei adiante), e também, naturalmente, os banidos, os apócrifos como o rock e a música verdadeiramente popular, aquela produzida por Odair José e Waldick Soriano, entre outros. Minha investigação escancarou a institucionalizada

O QUIPROQUÓ QUE FOI O LANÇAMENTO DE *MANIFESTO*...

cultura da *simonalização* de artistas que adotaram algum tipo de postura independente e desviaram do ideário dessa invisível mão de ferro que se tornou a *intelligentsia* tupiniquim.

Vocês podem imaginar o tamanho da reação da imprensa em geral quando o volume chegou às redações e aos produtores televisivos. Com um festival de edições tendenciosas, o livro foi imediatamente recebido com repulsa por criaturas que mal abriram o *Manifesto*, prática, aliás, tipicamente brasileira. Um programa popular de rádio me passou um trote em que um dos apresentadores se apresentava como Mano Brown, patuscada evidentemente criminosa e que só foi ao ar um ano depois.

A Rede Bandeirantes permitiu que meu nome fosse vituperado em calúnias que ocuparam toda sua grade de programação. Um de seus programas chafurdou-se no desplante de afirmar que eu era caso típico de cantor de uma música só. Coisas desse nível, num sensacionalismo insistente. Fui, por cerca de um mês, tema recorrente das transmissões dessa emissora, o que, suponho, decorreu do fato de haver incluído no livro duas histórias ocorridas durante minha curta participação em *A Liga*.

Centenas de pessoas juraram queimar o livro. Queimar! O próprio Mano Brown, sem ter lido uma linha sequer, promoveu esse tipo de inquisição na internet. Cheguei a convidá-lo para um debate, mas o que recebi dele foram ameaças, o que ainda hoje lamento, porque sei que é uma criatura dócil e meiga, incapaz de fazer mal a um mosquito transmissor da dengue, e que aquilo tudo consistiu num desabafo compulsório proveniente de sua persona, um gesso cultivado com muito esmero e do qual já lhe é impossível se libertar, o pobre. Então, eu propunha um debate, e ele, tiro na boca, me desafiando "pra porrada" e me chamando de putinha.

Nosso querido Mano (sim, sempre nutri admiração e simpatia por ele e pelos Racionais, e isso deixo bem claro no livro) recusou meus convites e ainda teve o amparo de um sem-número de oligofrênicos, entre populares anônimos e subcelebridades de terceira, que transformaram o que deveria ser uma fecunda e séria discussão sobre o panorama cultural brasileiro numa rinha de galos, numa briga de delinquentes sêniores, todos esquecidos de que as partes envolvidas eram dois artistas consagrados, com vasta obra a respaldá-los, que usam (ou deveriam usar) a palavra e a música como arma, veículo e ferramenta. Mas esse é o Brasil, terra onde o debate, o contraditório, foi interditado.

Nos últimos tempos, nosso imponente Mano Brown vem mostrando certo arrependimento, mesmo que tardio, por ter apoiado tão descaradamente o PT. Mas, como de seu feitio, em vez de assumir seu engano com responsabilidade e humildade (como fiz, aliás), insiste naquele papinho de vítima da sociedade e solta pérolas como a de que o criticam por ter votado no Partido dos Trabalhadores apenas por ser favelado.

Não, Mano Brown!

Você é criticado não porque favelado, mas porque soberbo. Baixe a crista e reconheça seus erros com hombridade, colega. Esses caras o enganaram assim como a mim e ao povo brasileiro, o favelado inclusive e sobretudo.

O QUIPROQUÓ QUE FOI O LANÇAMENTO DE *MANIFESTO*...

Como de costume, no entanto, Mano Brown foi antes de tudo manobrado para insuflar o ódio. Usado, para ser exato. Justiça seja feita. Transformaram essa tentativa de debate num cenário que bem representa esses cretinos: um espetáculo de totalitarismo típico dos que recorrem aos mais baixos subterfúgios para impor mentiras como fatos. E sem espaço para qualquer esclarecimento e defesa de parte do caluniado.

Mas a história certamente lhes cobrará, porque não se pode esperar da intelectualidade raquítica qualquer exame de consciência, muito menos um olhar autocrítico acerca de sua atuação. Seja como for, então como ainda hoje, para infortúnio da maçaroca petista, meu fofo *Manifesto do nada na terra do nunca* ocupou seu lugar na ribalta, um agente provocador a causar profundo incômodo nas hostes adversárias, grande indutor de erros, chancelando a eclosão de sentimentos torpes e estimulando o afloramento de comportamentos os mais vis.

Enfim, um sucesso estrondoso, semanas e mais semanas em todas as listas de mais vendidos, petardo duramente encaixado no baço da patrulha, conforme recibo passado pelo esperneio histérico dos pseudovalentões de plantão e pelo boicote integral e deliberado empreendido pelos programas de TV, que cancelaram todos os compromissos previamente agendados com a editora.

Abriu-se uma temporada de caça ao livro, e a intelectualidade campeã de punheta de pau mole soltava seus pipocos ridículos com aquela característica patológica costumeira ao gênero: o delírio do frouxo. Para atacar, só pela mentira, pois argumentação palpável, neca de pitibiriba.

EM BUSCA DO RIGOR E DA MISERICÓRDIA

Publicarei algumas das investidas desses anões de festa da esquerda brasileira, reveladoras do ideário do idiota presunçoso, da previsibilidade vazia de suas argumentações preconceituosas, da insistência infinita nos erros históricos de sempre e da incapacidade plena em aprender com os próprios equívocos.

A primeira missiva é de autoria do nanico intelectual (seria uma espécie de Dunga?) travestido de filósofo e eminência parda de Lula, Emir Sader. O pequeno não mencionou meu nome no texto "Escribas de aluguel", publicado em 21 de outubro de 2013, no site da Boitempo Editorial, mas estampou minha foto quando o soltou. Preparem-se:

> Somente depois do fim da ditadura passou a surgir no Brasil o fenômeno de artistas e intelectuais que, até ali, estavam nas filas da oposição democrática, passando a buscar abrigo nos espaços das elites conservadoras. A própria forma que assumiu a transição favoreceu essa conversão.
>
> Seu caráter conciliador entre o velho e o novo, chancelado pela aliança promíscua no Colégio Eleitoral entre o PMDB e o então PFL, no bojo do qual os que não ficavam com a candidatura de Paulo Maluf recebiam o epíteto de "democratas" ou de "liberais", como o próprio nome do partido originário da ditadura mencionava. Antonio Carlos Magalhães, Marco Maciel, José Sarney — entre outros — embarcaram nessa canoa e foram recebidos de braços abertos pelos que organizaram a transição conservadora da ditadura à democracia.

O QUIPROQUÓ QUE FOI O LANÇAMENTO DE *MANIFESTO*...

O processo de conversão de gente de esquerda para a direita tem uma longa história. O principal mecanismo para essa transição é a crítica de erros — reais ou supostos — da esquerda, como justificativa para distanciar-se desta e caminhar — de forma célere ou lenta — para a adesão à direita. Passar da crítica à demonização da URSS foi a forma clássica dessa transição. Se o projeto que encarnava o socialismo de Marx, Lenin, Trotski tinha se degenerado tão brutalmente, haveria que jogar no lixo não apenas aquela primeira forma de existência de um projeto socialista, mas o socialismo e seus teóricos e dirigentes.

Faziam essa expurgação e eram acolhidos ou na social-democracia ou — passando às vezes por aí como transição — diretamente para a direita. A teoria do totalitarismo teve o papel de tentar centrar o debate não na polarização capitalismo/socialismo, buscando identificar a URSS com o nazismo, Stalin com Hitler, todos na mesma canoa do totalitarismo.

Claro que não era apenas um processo de reconversão intelectual. Era um processo de reconversão de classe social. Quem fazia esse trajeto era acolhido e bem recompensado pela direita — com edição de livros de denúncia do comunismo ou da esquerda —, com amplas entrevistas na mídia conservadora, afora outras recompensas materiais.

Nada muito diferente do que acontece no mundo nas últimas décadas. Os pretextos podem ser o fim da URSS — confundido com o fim do socialismo —, críticas levantadas pela direita sobre corrupção em partidos de esquerda, políticas que não respeitariam o meio ambiente etc. etc. O objetivo é encontrar álibis para deixar de ser de esquerda.

As formas que essa conversão assume são, via de regra, pelos generosos espaços que a mídia de direita reserva carinhosamente aos que se dispõem a criticar sistematicamente a esquerda, com a suposta autoridade de quem foi de esquerda ou diz que foi. Contanto que não dirijam os fuzis que a direita lhes concede contra a própria direita.

Jornais como *O Globo*, *O Estado de S. Paulo*, a *Folha de S.Paulo*, a revista *Veja*, entre outros, estão cheios de esquerdistas "arrependidos", que poupam seus patrões — que, todos, apoiaram o golpe de 1964 —, para concentrar seu fogo na esquerda — no PT, nos governos do Lula e da Dilma, na CUT, no MST etc. etc.

São escritores e músicos em fim de carreira, que já não produzem nada que valha a pena há décadas, que vivem do seu passado e do serviço que prestam à direita. Ganham seu dinheirinho, têm seu espaço numa imprensa cada vez menos lida, ou na TV como *clowns* da burguesia.

Escribas de aluguel terminam suas carreiras — que às vezes tiveram algum brilho no passado — comendo da mão da direita oligárquica, fazendo ainda pose de artistas ou de intelectuais, odiando o Brasil que se transforma, se democratiza, apesar de e contra eles.

Minha réplica, publicada no Mídia Sem Máscara, no dia seguinte, foi imediata e direta, sem dissimular:

Sr. Emir Sader,

Tomo a liberdade de interpretar como diretas as suas indiretas à minha pessoa pelo singelo fato de ter escolhido o meu rosto para emoldurar o seu artigo, e, mesmo que o senhor não tenha tido a hombridade de mencionar o meu nome, sinto-me na obrigação de lhe enviar a minha réplica. Sendo assim, vamos começar por partes:

1) Se existe essa transição de esquerda para a direita, me parece muito claro que o inverso é absolutamente verificável. O próprio Paulo Maluf, o José Sarney, o Fernando Collor, o Severino Cavalcanti, o Renan Calheiros, entre tantos outros, fazem parte integrante e fundamental da base aliada do PT. Todos com calorosa acolhida e, por que não dizer, com ardorosa defesa por parte de nossos grandes pensadores da esquerda (consulte sua colega, Marilena Chauí, e pergunte o que ela acha atualmente do Paulo Maluf. É comovente perceber o amor, o carinho e admiração que ela nutre por ele nos dias de hoje). Portanto, sua tese começa a desmoronar logo no segundo parágrafo do seu artigo.

2) O processo de conversão ao que o senhor se refere é algo mais simples e direto. Basta ter o mínimo de bom senso e uma inteligência mediana para se constatar a canoa furada que é a esquerda e seu lamentável histórico. É um mimo da sua parte achar que a URSS é o único

repositório de quaisquer críticas tecidas à esquerda. Não, meu nobre companheiro. Não há na história da humanidade um só caso de que possamos nos jactar, de alguma pálida forma que seja, da esquerda tendo um papel bem-sucedido como modelo político. Todos foram um retumbante fracasso. Na URSS, na China, no Vietnã, no Camboja, em Cuba, agora na Venezuela, na Europa Oriental, na Albânia, na Coreia do Norte, em Angola, e por aí vai... Todos regidos por tiranetes caricatos. E não temos apenas a disseminação da miséria nesses povos. Temos verdadeiros massacres, os maiores genocídios da história se concentram justamente nas administrações comunistas. Isso é fato irrefutável. Portanto, Stálin ser comparado a Hitler acaba sendo, por incrível que pareça, um eufemismo. Não me parece muito consistente o senhor querer fazer crer a qualquer criatura com mais de dois neurônios que Cuba é uma democracia plena, onde se respeitam os direitos fundamentais do cidadão. Isso é um fato também. Não há o que discutir, lhe restando apenas o direito um tanto suspeito de ser um tiete de um regime deplorável. No entanto, o Brasil trava relações diplomáticas intensas com os irmãos Castro, auxiliando sua administração com polpudas quantias do NOSSO dinheiro para aquela bela e tão maltratada ilha. E isso na maior cara de pau!

3) No quinto parágrafo do seu artigo o senhor faz uma alusão de casos de pessoas que são "recompensadas pela direita". Mas que direita? Praticamente TODOS os órgãos estão comprados pelo governo! A

O QUIPROQUÓ QUE FOI O LANÇAMENTO DE *MANIFESTO*...

maioria esmagadora dos intelectuais e artistas desse país está se lambuzando toda com gordas verbas federais e deformando suas funções primordiais para se transformar em militantes cínicos (eu mesmo fui laureado com uma polpuda verba pela lei Rouanet, verba essa que recusei peremptoriamente).

E daí a inversão dos fatos: vocês são os chapas-brancas! Vocês são os militantes e patrulheiros ideológicos de plantão! Vocês se locupletam com verbas públicas! Vocês são a força de engenharia social de um governo corrupto e incompetente, e isso é muito feio, pra não entrar muito fundo na questão. O rebelde aqui sou eu, companheiro. O espaço que recebo dessa tal mídia de direita à qual você se refere é cada vez mais exíguo. Só consegui fazer um programa de televisão em TV aberta e todos aqueles que costumava frequentar por tantos anos me fecharam suas portas até o presente momento, embora, malgrado todas as tentativas (inclusive a sua) de detratar e inviabilizar o meu livro, ele continua entre os mais vendidos por mais de vinte semanas. Sorry...

Quando sai alguma matéria sobre o *Manifesto do nada na terra do nunca*, é sempre no intuito de denegrir de forma capciosa o seu conteúdo e, não raro, também a minha pessoa e minha conduta, da mesma forma que o senhor comete neste artigo.

Estou cansado de ler resenhas e crônicas me esculhambando, afirmando coisas absurdas como ser eu a favor da ditadura, da tortura, do regime militar. Eu jamais tomei esse tipo de posição!

EM BUSCA DO RIGOR E DA MISERICÓRDIA

Eu simplesmente não acredito em quem pegou em armas nos anos 1960 pra "defender a democracia", porque isso não aconteceu! Eles (o senhor estava nessa também, não?) lutavam por uma outra ditadura! E esse é um cacoete mórbido que virou tabu investigar e isso é péssimo para todos nós.

Não acredito em pessoas como o senhor, que não passa de um filósofo de meia tigela, jogando pra sua galera, achando que vai se criar cagando goma pra cima de mim. Não vai!

Não admito ninguém ficar questionando a validade da minha qualidade artística, principalmente em se tratando de alguém que nada mais fez do que mostrar ser um analfabeto musical de amplo espectro. De outra forma não se arvoraria em tecer tão estúpido comentário em detrimento de uma porca e covarde estratégia pretendendo me despotencializar por uma suposta e inexistente decadência musical. Isto é, antes de mais nada, patético para a sua já tão combalida reputação.

Para concluir, quero deixar bem claro ao senhor e aos seus leitores uma coisa: se informe mais a respeito de quem está falando, nutra-se de mais prudência, vai por mim... Tente enxergar o próprio rabo e pare de projetar sua mediocridade, sua obtusidade e sua venalidade em outros, principalmente quando pode ter a infelicidade de se deparar com pessoas assim como... eu. Portanto, um dever de casa para o companheiro Emir Sader: escreva cem vezes no seu caderninho: "Escriba de aluguel é o caralho."

O QUIPROQUÓ QUE FOI O LANÇAMENTO DE *MANIFESTO*...

Outra investida que transitou entre o jocoso e o paroquial, o provinciano e o mal escrito, entre o cacoete ideológico e a pura maledicência do ignorante, foi a do senhor Juremir Machado da Silva, sedizente doutor em sociologia, radialista gaúcho e colunista do jornal *Correio do Povo*, de Porto Alegre, no qual escreveu o texto "Mala manifesto".

> Entrevistamos Lobão no Esfera Pública. Li o livro dele. É a coisa mais idiota de todos os tempos. Ganha um brinde quem souber citar, sem recorrer ao Google e sem ter de pensar muito, qual é a grande contribuição de Lobão para a música brasileira. Qual a música de Lobão que alguém canta quando está feliz? Ou quando está triste? Ou quando sente saudade de casa? Ou quando quer mandar tudo para o inferno? Ou quando se sente no paraíso? Ganha outro brinde quem souber quem é Lobão. O artista vendeu 150 mil exemplares de sua autobiografia, que poderia resumir a uma linha: uma mala. Inegavelmente, Lobão é bom de provocação barata. Ele está com novo livro na praça: *Manifesto do nada na terra do nunca*. O nada é assumidamente o alter ego do autor. Yes.
>
> Bom malandro, ele transformou a crítica em marketing pessoal de antecipação. "Quando aparece um ofendido que se acha no direito de vir me inquirindo com aquela famosa pergunta: 'Quem é você?', eu respondo: eu sou o Nada, drogado, decadente, matricida, epilético, reacionário, roqueiro. E, como Nada, eu vou contar para vocês a história da Terra do Nunca, o

Brasil-Peter Pan, que se recusa a crescer." Pouco sei sobre a pertinência da maioria desses qualificativos em relação a Lobão. Fico com o Nada. Mas não por me sentir ofendido ou por querer agredi-lo. Apenas como uma constatação. Eu também sou nada. Ou menos que nada. Gostei da sinceridade e da lucidez do autor nos capítulos "O reacionário" e "Confesso a vocês: eu sou uma besta quadrada". Pouco tenho contra os reacionários. Eu também sou um. E também uma boa besta. Retangular.

Qual o problema, então? Lobão dispara contra a Semana de Arte Moderna de 1922. Afirma que a "antropofagia" não passou de nacionalismo. Tem razão. Só que isso não é novidade. Mais banal ainda é dizer que a Semana de Arte Moderna moldou o pensamento e manifestações culturais brasileiros como tropicalismo.

Lobão detona Roberto Carlos, a quem chama de uma múmia "deprimida". Pode ser. O único problema é que Lobão não serve para lustrar o mocassim dessa múmia responsável por dezenas de canções que povoam todo o imaginário brasileiro, algumas de extremo bom gosto. Num capítulo que parece ter sido escrito por um adolescente trancado no banheiro, "Vamos assassinar a presidenta da República", Lobão chama Dilma Rousseff de torturadora. O cérebro de Lobão é inescrutável. O texto dele consegue obscurecer tudo que aborda. O senso comum é a sua justificativa para tudo.

O QUIPROQUÓ QUE FOI O LANÇAMENTO DE *MANIFESTO*...

Segundo Nada Lobão, os Racionais Mc's são o "braço armado do PT". Não duvido. O "escritor" garante ter lido do marxista Slavoj Žižek a Olavo de Carvalho. A inspiração vem do último. Como todo atirador amargurado, Lobão sente-se perseguido por aqueles que gostaria de silenciar. "Quem ousa tecer algum comentário um pouco mais crítico sobre a realidade que nos rodeia acaba sofrendo violências morais e psicológicas, sempre no intuito de eliminar o interlocutor... É a verdadeira Terra do Nunca, onde nos recusamos a crescer." Roqueiro reacionário não dá. Lobão quer detonar o "intelectual de esquerda" com bombas de clichês do coronel Ustra, mas sem se assumir como mala direita. Sai do armário, Lobão.

Mais uma vez, claro, respondi, via Tumblr, no que intitulei "Carta aberta a Juremir Machado":

Caro Juremir,

Depois de ler o seu ataque à minha pessoa na sua coluna no jornal gaúcho *Correio do Povo*, fico obrigado a respondê-lo através dessa carta para maiores esclarecimentos, senão ao senhor, pelo menos aos seus leitores e a quem interessar possa. Vamos por itens:

1 - Já que começou ressaltando que fui entrevistado no seu programa Esfera Pública, poderia arrematar também que fui sumariamente retirado do ar.

2 - Quando afirma peremptoriamente ter lido o livro, das duas, uma: ou mente descaradamente, ou, se o leu (o que, nesse caso, é tão grave quanto), tem sérios problemas cognitivos, ou, pior ainda, um profundo desvio de caráter.

3 - Recorrer a essa pouco enobrecedora mania de tentar despotencializar o meu discurso através de uma tática torpe em desfazer os meus méritos reais e dissimular ignorar a real importância da minha carreira musical chega a ser ingênuo e, com todo o respeito, de uma imbecilidade comprometedora.

Se por acaso o senhor tem vivido aqui no Brasil nos últimos trinta anos sem perceber minha presença no imaginário coletivo nacional, nem minha contribuição para a música popular brasileira, posso lhe refrescar a memória, muito embora, sendo bastante constrangedor para qualquer pessoa que tenha um nível médio de informação e, no seu caso específico, para um jornalista de razoável credibilidade, jactar-se de ignorar uma trajetória de um compositor que fez canções como "Me chama", "Corações psicodélicos", "Essa noite, não", "Revanche", "Noite e dia", "Vida bandida", Vida louca vida", "Rádio Blá", "Chorando no campo", "A vida é doce", "Canos silenciosos", "Por tudo que for", e outras tantas mais é assinar atestado de analfabetismo musical ou exibição de pura má-fé.

4 - Resumir "em uma linha: uma mala" uma autobiografia de quase seiscentas páginas de indubitável complexidade é realmente lamentável para qualquer

pessoa que honre sua dignidade pessoal, quanto mais tendo a responsabilidade de assinar uma coluna em um jornal de grande circulação.

5 - Querer consubstanciar um significado próprio de "nada" para me "nadificar" é uma medida muito pouco inteligente, para não dizer vulgar e preconceituosa. Está claro que o senhor fez questão de dar umas pinceladas no texto e se ater à orelha e, com isso, se expor ao vexame público, uma vez que o livro é um fenômeno editorial e contará com centenas de milhares de leitores atentos.

6 - Acredito que seja um mau negócio para o senhor projetar a sua própria malandragem e seu "teto moral" de pouquíssima envergadura em quem (e muito pelo contrário!) em momento algum usou desse expediente pouco recomendável, principalmente quando a própria malandragem é um dos alvos críticos do livro.

7 - Se a carapuça de Nada no sentido de coisa alguma e de reacionário lhe serve, fique sabendo que a mim não me serve de modo algum. No seu afã de querer aniquilar a validade do meu discurso, deixou de perceber a ironia do meu texto e, com isso, escapar o real significado.

8 - Reduzir toda a complexidade do meu ensaio sobre a antropofagia afirmando "não passar de nacionalismo" ou ter moldado nosso pensamento é de um simplismo galopante. O último capítulo do livro é um mergulho e uma invasão poética no manifesto

antropófago de Oswald de Andrade e uma abordagem, se não quiser constatar a habilidade literária, o humor e a pertinência, no mínimo inédita na história da literatura brasileira.

9 - Retomar viciosamente a maneira reducionista e simplória em adjetivar minha crítica como ataques pessoais ao Roberto Carlos é uma atitude tacanha e que distorce o significado real do texto. Se teve tempo em reparar nas partes sardônicas, parece que se absteve de prestar atenção aos meus elogios e à minha constatação de que Roberto Carlos foi um herói na minha formação. Da mesma forma isso serve aos Racionais MC's, quando deixo clara minha admiração e sua influência em canções como "El Desdichado 2". Mas isso não parece ser muito conveniente para a sua construção delirante de uma falsa realidade.

10 - Outra coisa que gostaria muito de saber é onde o senhor leu qualquer alusão que fosse a Dilma Rousseff ser uma torturadora no livro. O senhor tomou um ácido? O capítulo em que cito a presidente é de um extremo cuidado em não condenar ninguém e, mesmo sendo muito duro com a presidente e a Comissão Nacional da Verdade, em nenhum momento suponho sequer ter sido Dilma uma torturadora e, sim, uma terrorista.

11 - Se referir à minha pessoa como "Nada Lobão" ou "escritor" é de uma deselegância um tanto histérica e um desrespeito gratuito e grosseiro que só maculam sua credibilidade.

O QUIPROQUÓ QUE FOI O LANÇAMENTO DE *MANIFESTO*...

12 - Gostaria de lembrar ao jornalista Juremir que reacionário seria aquele que, de forma irracional, iracunda e precipitada, comete uma ejaculação precoce intelectual em cultivar o ódio através de seus inconfessáveis recalques e impotências, transformando-os em julgamentos desleais, desonestos e falsos.

13 - E, para finalizar, chego à conclusão de que o senhor está exatamente no escopo do intelectual (oide) de esquerda de que tanto falo no livro, o tal campeão mundial de punheta de pau mole, e caiu em todas as armadilhas que os incautos e os malandros-agulha inevitavelmente caem. É como eu mesmo advirto em um dos versos do poema do prólogo: "É subestimando o inimigo que se perdem as guerras, e desde já agradeço vossa desatenção."

Nossos canastrões perpétuos dessa republiqueta de bananas tiveram de engolir o fulminante sucesso de meu segundo livro, que, repito, ficaria meses entre os mais vendidos na categoria de não ficção.

Com as manifestações pouco republicanas dos fanáticos e os grunhidos dos desafetos invejosos, com o nascimento da patrulha ideológica nas redes, MAVs, blogs e populares anônimos subvencionados com dinheiro público para ameaçar e insultar qualquer oponente ao governo, deu-se de forma efetiva o início de uma fase inédita na história brasileira: uma oposição heterogênea, multifacetada, estranha entre si, começa a se frequentar, a se imiscuir, a se tolerar e a trocar preciosas informações, o que inaugura um período que, particularmente, considero um dos mais férteis, inspiradores e bonitos que o Brasil já experimentou. Surge uma oposição de verdade no seio da sociedade, completamente apartada do processo ortodoxo e desgastada dos partidos políticos.

Mas isso é assunto para mais adiante.

4
Alguma coisa qualquer

Lá pelos idos de 1997, numa ensolarada manhã em Ipanema, logo quando tínhamos acabado de nos mudar para um apart-hotel na Barão da Torre, recebi um telefonema que me deixou totalmente eufórico. Era minha querida amiga Cássia Eller, que me convidava para compor uma música destinada a seu novo disco, que entraria em fase de produção em muito breve.

As duas únicas ocasiões em que fiz música como um alfaiate, ambas em parceria com Bernardo Vilhena, ocorreram em 1986, com "A voz da razão", que escrevi para cantar com Elza Soares no meu álbum *O rock errou*, e em 1988, quando Nelson Gonçalves me chamou para participar de seu disco de duos, para o qual compus uma canção chamada "A deusa do amor".

EM BUSCA DO RIGOR E DA MISERICÓRDIA

Vou confessar uma coisa: sempre fiz música para uso pessoal e intransferível. Sou muito ciumento de cantarem músicas minhas, a ponto de implorar ao meu irmãozinho e parceiro Cazuza para jamais me mostrar suas versões das músicas que fazíamos juntos.

Porém, compor uma canção desde seu conceito primordial e acompanhá-la até sua gravação com a Cássia cantando era diferente. Cássia está no rol das grandes cantoras que o mundo gerou. Se tivesse nascido na América ou na França, seria catapultada ao olimpo de nomes do naipe de Billie Holiday, Janis Joplin, Edith Piaf... Nascida no Brasil, figura ao lado de Elizeth Cardoso, Maysa, Elza Soares, Aracy de Almeida e Dalva de Oliveira no panteão das grandes cantoras nacionais.

Na mesma semana, nos encontramos em seu apartamento no Cosme Velho e, sem muitas delongas, começamos a fuçar sua coleção de CDs de música flamenca. Ela estava apaixonada pelo Camarón de la Isla, provavelmente o maior cantor flamenco de todos os tempos, e tudo indicava que o direcionamento estético de seu novo trabalho apontaria àquela direção. Logo de cara me ocorreu fazer um tema que remetesse à música espanhola, mas que pudesse ser, ao mesmo tempo, um blues à la Billie Holiday, com alguma pitada de Dolores Duran.

Para mim, seria uma aventura musical apaixonante, uma vez que sempre fui aficionado por música espanhola e flamenca, tendo, no início da década de 1990, mergulhado de cabeça no repertório de Albéniz, Granado, Torroba, Tarrega, Rodrigo, Paco de Lucia e Manita del Plata, entre outros.

ALGUMA COISA QUALQUER

Na nossa animada conversa (Cássia, por trás de sua extrovertida persona *roquenrou*, era uma menina muito tímida e delicada), concluímos que eu teria como dever de casa compor um blues rasgado, com nuances de MPB e um estilo que remetesse ao lendário "Adágio do Concerto de Aranjuez" para violão e orquestra, de Joaquín Rodrigo.

Apesar de não cultivar o costume de compor por encomenda, nem ter o menor traquejo dos compositores profissionais, que incorporam a *vibe* do intérprete, criei a canção numa sentada. Peguei meu violão espanhol, fabricado em Valência por Manuel Raimundo, para entrar no clima, peguei meu caderno, a caneta, me aboletei confortavelmente na cadeira da sacada, que dava para a fileira de amendoeiras que costurava toda a extensão da Barão da Torre, e comecei a dedilhar o adágio de Aranjuez para sentir aonde aquela atmosfera me levaria.

Em seguida, improvisei uma linha melódica bem *bluesy* em cima do tema, que transformei num *loop*, e me pus a cantar imaginando a voz da Cássia, buscando nuances de Billie Holiday e no inflexionar meigo e soluçado de Dolores Duran. Todas essas referências conduziram a sequência da harmonia a uma segunda parte mais leve e que me remetia a harmonias do cancioneiro brasileiro, e... voilà!

O tema musical estava pronto, anunciando a chegada daquelas canções memoráveis, torrenciais, com tudo muito bem definido, introdução, duas estrofes, refrão repetido e retorno. Então só faltava perseguir uma letra que coubesse como luva naquele cenário musical híbrido, mágico e doloroso. Sim! Aquele tema exalava tristeza, dor, rejeição amorosa, súplica e paixão. E, para meu absoluto espanto, a letra foi saindo quase como escrita automática, como se já pronta, como se copiasse um recado no papel. Ao cabo de uns vinte minutos, havia nascido uma das canções mais pungentes e mais tristes que jamais escrevera.

E como era gostoso cantá-la! E olhe que, naquele tempo, meu gosto por cantar era extremamente restrito e encarado como atividade de quinto plano no meu universo de interesses; mas o fato é que eu vivenciava de forma inédita a emoção e a beleza ao dizer aquela letra em forma de canto.

Após curtir a nova cria, recém-nascida, por uma tarde inteira, corri ao telefone para contar a novidade: "Cassinha, descolei um blues espanholado totalmente *from hell*! Tá a fim de ouvir?" Claro. Me mandei ao Cosme Velho, acompanhado de meu "Raimundo", para exibir a "encomenda". Como a canção me era muito orgânica e agradável de cantar, senti que Cássia se emocionou de cara com ela. Correu para pegar um gravador e me pediu pra registrá-la imediatamente, pois queria aprendê-la o mais rápido possível e fazer o arranjo com sua banda, já em seus preparos para a gravação do disco.

Me sentia muito orgulhoso por desempenhar o papel de compositor de encomenda e, ao mesmo tempo, fazer algo tão visceral e tão a cara de Cássia. Bem que poderia ser a minha também, já que ela me dizia se sentir meio que um Lobão de saia, ao que eu retrucava: "Mais fácil ser você o Lobão de calças." Eh! Eh! Eh!

ALGUMA COISA QUALQUER

E assim nascia a canção chamada "Alguma coisa qualquer", um de meus maiores xodós de todos os tempos, cujo futuro, naquele instante, eu jamais poderia suspeitar de que seria condenado a um período de hibernação de quase vinte anos. Uma música daquele nível!

Desisti
De ficar tentando explicar tudo o que eu não sei
Se, pra você, pensar em mim é a pior forma de amar
O que fazer de mim, de você, de mim... de você?

Mesmo assim,
Se eu conseguisse alguma forma mentirosa pra você falar
Te imitar em tudo até chegar à precisão de uma traição
Alguma coisa qualquer me responde, me dê um sinal!

E, se no fim,
Eu não quis, pôde parecer pra você contradição
E é, pode crer, mas o que fazer pra não ser tão cruel?
E ser bom, ser cruel... pra ser bom, ser cruel?

Há muito tempo quero te dizer
Que esse seu mundinho redondinho
A qualquer hora vai desmoronar
Perfeito, frio, sem sentido como o meu perdão
Sem você perceber, mesmo sem você se arrepender,
meu perdão...

EM BUSCA DO RIGOR E DA MISERICÓRDIA

E o que for,
Seja tudo mesmo sendo quase nada,
Uma tentativa ao menos, se puder
Sem alarme, seja frágil
Se arrisque amar
Tudo que você nunca pôde ser
Mas, por favor, sinta alguma coisa
Sinta alguma coisa, alguma coisa... alguma coisa qualquer.

Para minha absoluta estupefação e tristeza, recebi um comunicado, por intermédio de meu querido amigo, técnico de som, criador e designer da capa do disco *Noite*, Aurélio Kauffman, segundo o qual a gravadora de Cássia trocara toda a equipe de produção e que minha canção havia sido sumariamente retirada do repertório. Ele me afirmou não ter a menor ideia da causa dessa súbita mudança, uma vez que Cássia amava cantar a música e o arranjo estava lindo.

Cássia desde então ficaria desaparecida de minha vida e, somente no início de 2000, voltamos a nos encontrar, num episódio patético, na casa de shows Olimpo, na Penha, Zona Norte do Rio de Janeiro, reunidos pelo desejo pessoal do dono do lugar, que nos queria ver cantando juntos. Tudo bizarramente amarrado em cláusula contratual, só nos fomos ver dentro do palco, porque, antes, um batalhão de produtores e assessores de Cássia me negaram qualquer possibilidade de contato com ela, nem ensaiamos, e eu a vendo circular visivelmente constrangida.

Enfim, subi à ribalta e convoquei a plateia para cantar "Vida bandida" comigo. Regina, minha mulher, que estava atrás da coxia, então encontrou com uma Cássia esbaforida e embaraçada: "Pô, que vexame... Foi mal, foi mal..." Chamei-a. Ela entrou em cena toda sem jeito, como uma criancinha desamparada, desatando a correr na minha direção e se jogando no meu colo. Eu, que estava com uma guitarra pendurada no pescoço, não suportei seu peso e a deixei. Ela fraturou o tornozelo, mas, sem exprimir a dor que certamente sentia, executou comigo uma interpretação, uma performance épica de "Vida bandida".

Foi a última vez que nos encontramos. Cássia, uma das maiores forças da natureza com quem tive o privilégio de conviver, cantar, gravar. Sinto uma tristeza profunda de não tê-la mais. Quando morreu, fiz em sua intenção um blues fúnebre, que gravei no *Canções dentro da noite escura* e que se chama "Boa Noite, Cinderela".

Quanto ao destino de "Alguma coisa qualquer", bem, foi para a gaveta, sem que eu conseguisse elaborar uma forma adequada de encaixá-la nos próximos três álbuns que concebi. Ou ficava muito lenta e arrastada, ou pretensiosa e pernóstica. Era sempre a primeira a entrar na lista e a última a ser cortada, até a erupção de *O rigor e a misericórdia*, para o qual jurei terminar esse ciclo fantasmagórico e no qual, portanto, teria de incluí-la, uma de minhas canções favoritas. Assim foi. Três semanas antes de começar a escrever este livro, eu a retirei do limbo, reaprendi suas harmonias, relembrei a letra e dei início à gravação.

Preservei a introdução espanholada, que incorpora também a primeira estrofe, só com meus dois violões em diálogo: de um lado as cordas de nylon do espanhol Manuel

Raimundo, do outro, as cordas de aço do Del Vecchio seresta. Entra, em seguida, um piano elétrico, Fender Rhodes, com o vibrato a ensejar uma atmosfera etérea e misteriosa, quase soando como um vibrafone, e, quando canto o verso "Te imitar em tudo até chegar à precisão de uma traição", roubo uma frase do concerto de Aranjuez e a coloco nas cordas do Del Vecchio. A banda toda entra no último verso da segunda estrofe, explodindo com uma virada poderosa e cadenciada da bateria, o baixo muito grave, uma âncora marcando nas tônicas e um solo de guitarra com fraseado de blues, e o adágio então se transforma num *shuffle* pesadíssimo.

Sim, finalmente "Alguma coisa qualquer", depois de quase vinte anos de hibernação, ganhava seu caminho. Eu descobrira a melhor maneira de arranjá-la e interpretá-la. Ficou linda. Bela em toda sua tristeza, delicadeza e fúria. Emocionante... Cantei pensando em Cássia o tempo todo. Tudo aqui, no recôndito de meu estúdio caseiro, sozinho. É um pequeno milagre poder experimentar todo esse processo e refletir sobre ele ao mesmo tempo, a transformação e a formalização de ideias e desejos, do nada, numa sequência ordenada de sons e palavras.

Com todo o amor que meu coração pode comportar e manifestar, dedico "Alguma coisa qualquer" à memória de Cássia Eller, para sempre a minha cantora.

5
O que é a solidão em sermos nós?

Foi uma grande alegria conviver de novo com um instrumento que integrou minha formação musical e no qual compus boa parte de meu repertório inicial de carreira. A chegada do violão Del Vecchio que mandei reformar para reviver aquele, modelo seresta, de minha juventude me inspirou imediatamente e, logo no primeiro dia, criei dois temas que serão duas belas canções no disco novo.

    O tato, a ergonomia, a ação do instrumento, seu cheiro, as cordas pompom da marca Canário, seu tampo preto, igualzinho ao do meu original, sua maciez, seu som profundo e arredondado, tudo me levou a um *flashback* muscular e então me veio à tona um repertório ancestral, de quando tinha meus 16 anos. Temas bastante complicados e engenhosos, que só uma ação sinestésica, o cheiro que resgata um acorde, uma sensação tátil, poderia desencavar. O movimento de um complicado arpejo, que, por senti-lo, associá-lo a um azul purpúreo, me levava ao sol maior, aquele tom de azul me conduzindo a outro, a um azul-marinho profundo, um mi maior, todo esse caos de sensações a serviço de uma arqueologia musical e emocional.

Em instantes, readquiri técnicas esquecidas há décadas. O Del Vecchio modelo seresta, sendo um violão de cordas de aço, possui a maciez e a leveza de um de cordas de nylon, algo muito diferente dos *folk* americanos, bem duros e que só consigo tocar de palheta. Pode ser um detalhe insignificante para quem não toca, mas uma grande diferença para quem vive disso.

Como meu processo de composição se vale muito da geografia ergonômica, das diferentes afinações, do constante exercício de me surpreender com os acordes que se formam em instrumentos com que tenho pouca intimidade, meu Del Vecchio foi uma festa, uma janela que se abriu para ancestrais memórias musculares, auditivas e olfativas, conjunto que, ao misturar toda aquela arca de sons esquecidos ao meu atual arsenal de conhecimentos, significou um salto adiante. Sempre digo que sou um parque de diversões de mim mesmo e, na minha esfuziante solidão musical, vou descobrindo, brincando e aprendendo uma enxurrada de novas possibilidades.

Tudo isso acontecia num momento específico de solidão real, no começo de maio de 2012, quando minha Regina, com suas irmãs Mônica, Elisa, Cláudia e Nena, com a mãe, Dona Romilda, no comando, partiu para uma viagem de quinze

O QUE É A SOLIDÃO EM SERMOS NÓS?

dias a Portugal e Espanha. Como não estou acostumado a passar mais do que um fim de semana sem a minha mulher, aquele espaço de tempo me parecia uma eternidade. E tive que me adaptar àquela situação de total solidão, eu e meus três gatos.

Foi nessa atmosfera de claustro que, com meu Del Vecchio, uma caneta e um bloco, me enfurnei no estúdio de nossa antiga casa na Pompeia e lá escrevi um texto corrido, numa espécie de escrita automática, técnica por meio da qual pretendia, sem muitos filtros, a vivência da solidão e do silêncio, seus medos e suas surpreendentes alegrias.

O texto saiu caudaloso, mas sem que o pudesse classificar, e com uma questão que retornava insistentemente ao papel: o que é a solidão em sermos nós?

A solidão é a matéria escura da coletividade. Quem se nutre na solidão se torna um mundo, uma entidade que injeta sabedoria e oferece possibilidades múltiplas à coletividade. Meu *insight* partia da percepção de que nossa condição básica, a solidão, tem peso infinitamente maior naquele cujo ofício é contemplativo, criativo, o que a torna grande companheira. Para um ser criador, mais do que uma dádiva, a solidão é componente fundamental. Mas não aquela, terrível, de se estar só em meio à multidão. Não. Refiro-me à verdadeira solitude, a voluntária, a que oferece o ambiente de serenidade necessário à eleição de nossas verdadeiras e essenciais companhias, e que é também antídoto à ansiedade, um dos grandes repelentes do convívio.

São os eremitas, com suas lanternas, que iluminam os caminhos da humanidade na terra e a escadaria para o Céu.

Como diz Geoge Steiner, na arte, na literatura e na música a duração não é tempo, e, para se engendrar a eternidade, é necessário um profundo mergulho na solidão. E nem sempre isso é tarefa fácil.

Todos esses lampejos se alojariam na minha cabeça e demorariam mais alguns anos para florescer. Durante esse período, para minha decepção, nada de mais relevante aconteceria, embora essas sementes esparsas fossem então plantadas, ao acaso, sem muito método, destinadas a germinar apenas uns três anos depois, já na nossa nova casa do Sumaré.

Atribuo essa falta de foco também ao estado precário de meu equipamento de então, o que inviabilizava um trabalho consistente com vistas ao disco.

E haveria ainda, a interromper esse fluxo de reflexão e composição (ou a ser parte fundamental dele), a eclosão poderosa que resultaria no nascimento de meu segundo livro, *Manifesto do nada na terra do nunca*, e tudo quanto seu lançamento implicaria.

Quando dei por mim, já era véspera de as meninas retornarem da Europa, meu coração explodindo de contentamento e minhas atenções já dirigidas integralmente ao estudo, à formulação e à escrita do *Manifesto*, o que me tomaria quase um ano.

O livro foi lançado, nós nos mudamos para a casa nova, felicidade intensa, os gatos amando o jardim, as árvores e o espaço em muito aumentado. Providenciei de imediato uma reforma na edícula, no fundo do jardim, expandindo-lhe a área e vedando tudo, um canto à prova de som, um delicioso

O QUE É A SOLIDÃO EM SERMOS NÓS?

estúdio que viria a ser, dali em diante, meu principal abrigo de criação, elaboração, execução e gravação, onde preparei o tão ansiado álbum novo e escrevi este livro.

Com tantas mudanças, um ambiente mais bucólico e um estúdio em condições de encampar o meu projeto, voltei a mergulhar firme na busca de um repertório novo.

Contudo, a primeira música que compus na casa foi um tanto jornalística e circunstancial, um rock escarnecendo a covardia *paumolênguica* de Pablo Capilé, que fugira vergonhosamente de um debate que chegamos a marcar (e ele desmarcar) dezenas de vezes. Eu estava diante de parasita de artista, sujeito que odeia o autor, criatura jactante de nunca ter lido um livro, responsável pelo execrável coletivo Fora do Eixo, instituição que simplesmente faliu com a música independente no Brasil, transformando-a num balcão de mercantilização semiescravocrata, com artistas alçados à ribalta em função de comprometimentos ideológicos e em decorrência de afazeres pouco dignificantes. Assim, de repente, para descolar vaga num festival, guitarrista devia lavar pratos, ou, para ser escalado numa turnê, dirigir Kombi. Eis a letra de "Eu não vou deixar":

> Por todos esses anos
> Por tudo que eu passei
> Por tudo o que eu faço
> E ainda farei
> Não vem com esse papo de *riponga*
> Que eu não vou deixar

EM BUSCA DO RIGOR E DA MISERICÓRDIA

A palavra é minha arma
Minha bala é minha canção
Nem vem mexer com aquilo
Que você não tem noção
Não adianta insistir, meu irmão,
Que eu não vou deixar

Cadê a sua lábia?
O seu tempo se esgotou
Quem foge da conversa
Já perdeu de W. O.
Te aviso, companheiro, não se esconda
Que eu não vou deixar

E agora?
Aonde está a banca que você botava?
E agora?
De quem é mesmo o pesadelo que você armava?
E agora?
Eu estou aqui e é você que foi embora
E, agora, você deu o fora,
Mas que papelão!

Mané querendo mudar o mundo
Engenheiro social
Tungando a grana de artista
Fabricando edital
Direito autoral, ele não quer,
Mas eu não vou deixar

O QUE É A SOLIDÃO EM SERMOS NÓS?

Patrulha e desespero,
Evangelho coletivo
Doutrina de carola estatizado e vendido
Rebelde chapa-branca quer que eu cale
Mas eu não vou deixar

De bem-intencionados
Eu já não aguento mais
Tem otário se achando valente
Mas, quando me vê, mija pra trás
Acabou sua pilantragem, sabe por quê?
Porque eu não vou deixar

E agora?
Aonde está a banca que você botava?
E agora?
De quem é mesmo o pesadelo que você armava?
E agora?
Eu estou aqui e é você que foi embora
E, agora, você deu o fora,
Mas que papelão!

E agora?
Aonde está a banca que você botava?
E agora?
De quem é mesmo o pesadelo que você armava?
E agora?
Eu estou aqui e é você que foi embora
E, agora, você deu o fora,
Mas que papelão!

A mensagem de minha canção era simples: uma coletividade só pode ser forte, livre, criativa e próspera se o indivíduo for o centro de seu desenvolvimento. Uma coletividade concentrada no espírito de colmeia, de formigueiro, é criadouro de frouxos.

É como sempre digo: o frouxo, unido, jamais será um indivíduo.

Compus "Eu não vou deixar" para jocoso escárnio da tibieza de Capilé e, naquele caso, tocar todos os instrumentos na gravação integrava o caráter da mensagem da letra, a de que o indivíduo é a célula de tudo. Foi ali, ao experimentar aquele processo instigante, e diante de um resultado razoável e promissor, que definitivamente adotei esse conceito para todo o disco.

Eu me animara com aquela prática de criação solitária absoluta. Abrira-se um caminho. Curiosamente, no entanto, a canção cobaia nunca mereceu maior empenho meu, que sempre tive clareza para o fato de que ela não caberia num trabalho mais sério. Sua qualidade musical não estava à altura de meus padrões de exigência, e seria deprimente ter canção tão imediatista, dirigida a um elemento desprezível, num disco novo. Eu jamais lhe daria essa moral.

Ter que dispensar uma música quando se está concebendo material para um novo repertório nunca é sensação agradável. Quem compõe sabe o trabalho contido na elaboração de uma canção, quanto na criação de dez, doze, catorze. Não se pode brincar com qualidade, porém.

Assim que decidi *bypassar* "Eu não vou deixar" do disco, me veio novamente à cabeça aquele texto que escre-

O QUE É A SOLIDÃO EM SERMOS NÓS?

vera ainda na outra casa, quando da viagem de Regina à Europa. Animado e resoluto, peguei meu Del Vecchio e encasquetei que extrairia daquele monte de impressões desconexas sobre a solidão uma boa letra para um tema já pronto no violão.

Esse tema, na forma exótica de duas estrofes e refrão em duas partes, mais duas estrofes, mais refrão e duas partes, tem um dedilhado delicado, uma cantiga com melodia bem definida e marcada, que impunha um encaixe mais difícil à letra, que se deveria sacrificar em função da métrica original. Foi o que fiz: instaurei um rígido padrão métrico e rítmico nos versos e comecei a escrever um monte de bobagens, porém absolutamente metrificadas.

Adotei a frase "o que é a solidão em sermos nós?" como espécie de bordão subjacente, que finalizaria todas as estrofes. O tema já possuía, naturalmente, seu refrão bifurcado, o que me remetia a uma daquelas canções de festival dos anos 1960/70, e imaginei que a letra concluísse a série de questões formuladas na estrofe, terminando com outra pergunta: "O que é ser só?", a assumir, na segunda repetição, a variação "O que é o amor?".

Nesse incansável retirar da letra tudo o que não fosse poético nasceria "O que é a solidão em sermos nós". A primeira de doze canções concebidas naquele período.

Era uma madrugada de abril de 2014 e eu vencera gloriosamente uma noite de insônia, revirado em meus garranchos sobre papel, consciente, contudo, de que muito trabalho estaria por vir... O repertório para o novo disco era ainda incipiente. "O que é a solidão em sermos nós?" somava-se então à "Ação fantasmagórica à distância", dupla à qual logo se juntaria "Alguma coisa qualquer", a canção que fizera para Cássia Eller e cuja forma, como já relatei, desejava ardentemente acertar.

    O interessante na letra de "O que é a solidão em sermos nós?" é que, apesar das limitações erguidas pela melodia, ficou tão consistente e bonita que poderia mesmo ser um poema sem música.

> O quanto que se basta imaginar em existir?
> O quanto que se custa acreditar em acreditar?
> O quanto se engana com a certeza de entender?...
> O que é a solidão em sermos nós?
>
> Há tempos que se tenta explicar o que é o amor
> Mas como que se ama sem o risco de tentar?
> E sem o amor é a dor que nos consome ao perceber,
> O que é a solidão em sermos nós?
>
> (Refrão A)
> E sem a tempestade eu não sou o que sonhei
> E sem atravessar a dor não há como entender
> Que não importa se é cedo ou tarde
> Tudo agora é cedo e tarde...
> Tempestade, sonho, dor e solidão,
> O que é ser só?

O QUE É A SOLIDÃO EM SERMOS NÓS?

(Refrão B)
Os sonhos são segredos que o tempo não apagou
E o medo do silêncio é a lembrança de ser só,
E não importa se é cedo ou tarde
Tudo é tão cedo e tarde...
Tempestade, sonho, dor e solidão,
O que é o amor?

E não importa se é cedo ou tarde
Tudo é agora cedo e tarde...
O que é a solidão em sermos nós?

Saudade não é apenas sentir falta de alguém
Saudade é a presença da falta a nos gritar
Mas se alguém ou alguma coisa vive agora em mim...
O que é a solidão em sermos nós?

A noite se despede e o dia amanheceu
E eu canto uma cantiga que vem me acompanhar
Querida companhia que eu inventei só pra sentir
O que é a solidão em sermos nós.

(Refrão A)
E sem a tempestade eu não sou o que sonhei
E sem atravessar a dor não há como entender
Que não importa se é cedo ou tarde
Tudo é tão cedo e tarde...
Tempestade, sonho, dor e solidão
O que é ser só?

(Refrão B)
Os sonhos são segredos que o tempo não apagou
E o medo do silêncio é a lembrança de ser só
E não importa se é cedo ou tarde
Tudo é tão cedo e tarde...
Tempestade, sonho, dor e solidão
O que é o amor?

E não importa se é cedo ou tarde
Tudo agora é cedo e tarde...
Tempestade, sonho, dor e solidão
O que é o amor? O que é ser só?
O que é o amor? O que é ser só?
O que é a solidão em sermos nós?

O surgimento dessa canção me trouxe uma felicidade intensa, que se espalhou como um jato de luz por meu corpo. Costumo dizer que uma canção só vinga depois de eu ter chorado muito com ela; só se me tiver seduzido irredutivelmente, sem evaporar na insignificância do desinteresse.

A fase criativa se anunciava como ótima. No entanto, contrariando inteiramente minha vontade, meu fluxo de composição seria mais uma vez interrompido pela agitação política que assolava o país, que assola o país, e que me mobilizou para a luta.

Eu então tinha uma grande preocupação: como arranjar tempo para militar, um compromisso público meu, e para completar a contento a tarefa que se tornara meu sonho, meu compromisso íntimo, minha meta e meu grande desafio: fazer meu disco sozinho.

O QUE É A SOLIDÃO EM SERMOS NÓS?

A patrulha petista recrudescia a cada dia e a necessidade desagradável de lhe dar consistente atenção só me trazia prejuízos. Queria me dedicar ao prazer de conceber algo realmente importante e divertido. Eu estava uma pilha de nervos. Nunca tantos inúteis, medíocres, incompetentes e bundas-moles deram à nação tanto trabalho. Tantas horas, dias, meses, anos de desperdício, tanto tempo jogado fora por pessoas de boa vontade forçadas a se articular para retirar esses cretinos fundamentais do poder.

Só voltaria a compor no final de maio de 2014, quando, finalmente, o projeto de feitura do disco se reiniciou oficialmente.

Foi nesse período que comecei a elaborar o arranjo de "O que é a solidão em sermos nós?" e percebi de imediato não lhe caber qualquer sessão rítmica, bateria ou coisa parecida. Seria basicamente o Del Vecchio no centro, uns *synhts* no papel das cordas e uma guitarra tocada com *bottle neck*, que faz o papel de slide. E mais nada.

Não se esqueçam de que a escrita deste livro se deu em meio às gravações do disco e de que a maioria das coisas gravadas estava ainda em forma de rascunho ou esboço, o que é, creio, circunstância de que este relato só se beneficia.

Como já dizia o sábio, a poesia autoriza a esperança. Foi nesse diapasão que aprendi a me mover e a mover minhas metas. Erguia-se, enfim, meu ansiado projeto sob a égide da solidão. Nada poderia me deter. Nada poderá. Percebi que tinha a vontade, a disciplina, a habilidade, o rigor, a excelência e a loucura, as qualidades necessárias à realização de meu ambicioso objetivo.

6

Olavo de Carvalho

Dedicarei este capítulo a um nome de vital importância para a cultura e a inteligência brasileira, uma pessoa que veio a interferir dramaticamente na minha maneira de perceber o mundo, um dos maiores brasileiros que já conheci.

O fenômeno da união de vários segmentos heterogêneos, conflitantes e aparentemente irreconciliáveis da sociedade brasileira em torno de uma questão única e aglutinadora, retirar o PT do poder, é algo inédito, poderoso e extremamente rico.

Estamos vivendo uma espécie de vórtice histórico, em que todos os paradigmas da esquerda estão sendo desmantelados por sua própria inviabilidade, por sua repetição de padrões desastrados na história mundial e local, por sua opressão asfixiante, por sua incompetência chancelada na eterna arrogância de manter o discurso segundo o qual o socialismo verdadeiro jamais foi implementado com a devida exequibilidade. Sua mais nova encarnação na América Latina, um socialismo rastaquera de coronelato populista, muito mais próximo do fascismo que de qualquer socialismo do século passado, foi batizada de bolivarianismo.

Em oposição a isso, com o desenrolar do tempo e da revolta, lentamente uma nova forma de pensar a política vai surgindo desse imenso mosaico de pessoas e ideias que fervilham nas redes sociais. Nunca se falou de política como agora.

Devemos todos ao PT a autoria desse verdadeiro milagre brasileiro, esse processo de integração de todo um povo, de toda uma vontade, de pensadores eclodindo de inúmeras vertentes, ora se estapeando, ora se confraternizando, trocando conhecimentos e aprendendo a desenvolver tolerâncias inimagináveis em outras eras. Novas e improváveis alianças, amizades e aproximações são consumadas a cada dia, um tipo de fenômeno que só aumenta a confusão da esquerda, capaz apenas de enxergar em seus opositores aqueles estereótipos clichês tão pouco imaginativos e, por que não dizer, cafonérrimos, que estamos cansados de ouvir: reacionários, golpistas, conservadores, extrema direita e, mais recentemente, coxinhas.

Minha história com Olavo de Carvalho começou um pouco antes da elaboração do *Manifesto do nada na terra do nunca*, quando passei a assistir a seu poderoso, explosivo e hilariante programa na internet, o *True Outspeak*.

Não posso afirmar que minha libertação do luto da morte de meu pai, essa experiência até então inédita de enxergar a vida livre de amarras do passado e de traumas ligados a autoridades familiares, processo interior ao final do qual me vi integralmente responsável por minha conduta, foi o que tornou possível minha aproximação de Olavo, mas desconfio firmemente de que sim.

Confesso que, à primeira vista, me senti um tanto perplexo diante daquela torrente de informações absolutamente inimagináveis a inundar meu mundinho particular. Foi através de Olavo, por exemplo, que soube da existência do Foro de São Paulo, e isso sem falar na descoberta de uma vastíssima bibliografia sobre assuntos jamais vasculhados por mim.

Minha primeira reação consistiu num misto de estupefação seguido de inevitável incredulidade. Afinal, como um cara razoavelmente informado como eu (me tinha nessa conta) iria engolir um moscão gigantesco como aquele Foro de São Paulo? Seria mais uma teoria da conspiração? E o mais grave, no meu caso, era ficar sabendo do tal Foro com quase vinte anos de atraso. Como ninguém nunca havia comentado aquilo comigo? Como eu jamais sequer desconfiara da existência desse troço, mesmo fazendo campanha para o PT desde 1989?

Mas era exatamente o que se desvendava diante dos meus olhos, e eu sentia um verdadeiro Barrichello ontológico!

O mais grave e inexorável eram as provas concretas que Olavo nos esfregava na cara. Todas as Atas do Foro de São Paulo, desde sua fundação em 1991, estão publicadas no site Mídia Sem Máscara, tornando assim impossível sustentar qualquer tipo de argumentação contrária.

EM BUSCA DO RIGOR E DA MISERICÓRDIA

Foi dessa forma bastante categórica que Olavo ganhou meu respeito, minha admiração e minha confiança. E a cada *True Outspeak* vinha mais uma torrente de fontes, livros, documentos e indicações de sites a me estimular e a descortinar uma realidade absurdamente vedada pela grande mídia, o que me envergonhava e me dava dimensão do otário que fui por todas aquelas décadas.

Minha decepção com o PT no governo advinha, em sua grande parte, da bandidagem, da corrupção voraz, da mentira, da lorota e da lambança neófita, sem que me tivesse passado pela cabeça haver algo de mais sombrio e ameaçador por trás daqueles roubos astronômicos e daquela vulgaridade cafajeste que exalava dos quadros do partido.

Não! Havia, sim, toda uma estratégia em marcha, um projeto de perpetuação no poder e, o mais absurdo, anacrônico, brega e alarmante, uma real intenção de restituir o socialismo, desmantelado com a queda do Muro de Berlim e a ruína da URSS, através de uma União de Repúblicas Socialistas da América e do Caribe. *La Pátria Grande!*

Como dormir com algo tão impensável assim? Como ventilar esse tipo de informação numa roda de *filosobol* nos botequins, nos bares de hotel, nos bate-papos nas redes sociais?

Ninguém jamais perdoaria semelhante delírio!

Foi nesse exato momento, em meados de 2012, que percebi que me transformara numa espécie de inimigo público do PT, alguém a ser apagado do mapa. Surgia ali o papo de "ex-músico", "ex-Lobão", "cantor de uma música só", entre outras delicadezas repetidas *ad nauseum* pelos militantes

(MAVs) nas redes, mas não sem a característica essencial dos arrebanhados por coletivos: o de formular as mesmíssimas sentenças, com as mesmíssimas palavras e insultos, numa monótona e previsível uniformidade.

Como de costume, o objetivo, à semelhança do que acontecera nos anos 1960/70 com Simonal, Don e Ravel, Os Incríveis, Antonio Carlos e Jocafi, entre outros, era varrer meu nome da história, eliminar a possibilidade de eu sequer ter existido. Um comportamento digno de orgulho a qualquer fascista de pura cepa.

Com esse cenário se avolumando, a tensão se multiplicava. Como, porém, nunca fui sujeito de correr da briga, a tal pressão se transformava em... halteres! Apesar de todo o barulho e da *simonalização* sistemática contra mim, achava a ação dos *paumolengas* algo próximo do bonitinho. A cada investida da turma petista, acreditem, mais forte fico. Poderia até desenvolver um método de autoajuda com base em como reajo ao assédio da cambada. Tipo: "Como melhorar sua existência enfrentando *paumolengas*." Desconfio de que seria um *best-seller*.

Mas eu não estava sozinho nessa. Nunca estive. Houve uma série de nomes importantíssimos para minha nova formação e que em breve se tornariam aliados, companheiros de luta e fontes riquíssimas de informação e ideias novas. Gente do calibre de Rodrigo Constantino, Bruno Garschagen, Bene Barbosa, Tomás Giulliano, Percival Puggina, Felipe Moura Brasil, Reinaldo Azevedo, Diogo Mainardi, Guilherme Fiuza, Augusto Nunes e Romeu Tuma Jr., entre outros tantos.

Em muito pouco tempo, através dos mais variados recursos da internet, se estabeleceu uma nova e dinâmica forma de debate político, o *hangout*, que se tornaria uma grande ferramenta de divulgação e aperfeiçoamento de ideias, alianças e troca de preciosas informações. Uma das reconciliações mais emblemáticas e bonitas que pude testemunhar se deu no histórico *hangout* que reuniu Olavo de Carvalho e Rodrigo Constantino, encontro significativo da compreensão de que o inimigo é outro.

É grande a procura por livros desses autores. Nas livrarias, são dezenas de best-sellers que comprovam o nascimento de um segmento de leitores possante e ávido por informação livre e independente. Um movimento que é da sociedade brasileira e que irá muito além das tais elites brancas e reacionárias que a esquerda adora nutrir em seu delirante esquema de desinformação.

Os esquerdistas ainda não perceberam que são eles a situação, são eles a reação, são eles os governistas, são eles o medo do novo, são eles o obsoleto.

Foi através dessa nova ferramenta, o *hangout*, que tive o prazer e a alegria de conhecer Olavo. É natural especular sobre a improbabilidade do encontro entre um roqueiro tido como doidão e Olavo de Carvalho dar certo. Porém, para minha agradável surpresa, desde nossa primeira conversa percebi que falava com alguém doce, afetuoso, atencioso, engraçadíssimo e, como já sabia, absolutamente brilhante.

À aproximação pessoal, entretanto, precedeu-se um período, cerca de dois anos, em que me aprofundei na obra dele, mergulhando de cabeça em seus livros e na extensa bibliografia por ele recomendada: Eric Voegelin, Roger Kimball, Roger Scruton, Jonah Goldberg, David Horowitz, Leszek Kołakowski, Edmund Burke, Kenneth Minogue, Ion Pacepa, Stephen Kotkin, Russell Kirk, Erik Ritter von Kuehnelt--Leddihn, Arthur Koestler, Thomas Sowell, Antony Sutton, Christopher Andrew, Vasili Mitrokhin, Ludwig von Mises, F. A. Hayek, Ben Shapiro, David Stove, Gertrude Himmelfarb, Raymond Aron, Viktor Frankl e Andrew Lobaczewski, entre tantos outros.

Dois dos cacoetes frequentes entre os ruidosos detratores do Olavo são a invariável fuga do debate com ele e a recusa peremptória em ler o que escreve. Intelectuais de esquerda não leem autores que se oponham ao ideário esquerdista, o que expõe o avançado processo de autofagia em que se encontram, como o cachorro atrás de seu rabo, numa regurgitação sistemática de assertivas sobre suas convicções, sem a menor possibilidade de visitação ao contraditório. Todos agem naquele célebre formato: não li, não quero ler e tenho raiva de quem leu. Daí essa atmosfera inalienável de masturbação impotente a que tanto me refiro.

E, como somente as certezas envelhecem, e a certeza da certeza faz o louco gritar, temos diante de nós, no bojo dessa intelectualidade brasileira doente, uma miríade de criaturas foscas, histéricas, desprovidas de subjetividade ou complexidade, espraiando um rastro de mediocridade, ofensa e obsolescência. Abre-se, portanto, um campo de oportunidades. Temos, dada a podridão geral, a possibilidade de traçar novos rumos para o Brasil, aprimorando e modificando a mentalidade cultural, filosófica e política do país, finalmente mudando o disco na vitrola emperrada que nos impõe essa ladainha xoxa, insossa e cretina.

Nossa missão principal é retirar o *hype* fabricado pela esquerda.

O idiota da objetividade percebe a evolução das coisas de forma linear e unívoca, enquanto a evolução de fato ocorre de maneira parabólica, ou helicoidal, se confundindo e se amalgamando em suas linhas ascendentes e descendentes. Essa lacuna de percepção é um dos principais fatores de toda a imbecilidade reinante. E é no intuito de descobrir novas linguagens, novas maneiras de fazer cultura no Brasil, e de pensar outro tipo de país, que devemos vasculhar todos os recantos de informação, buscar no passado distante manifestações de pensamentos e expressões esquecidas ou sufocadas e alinhavá-las às novas descobertas, às novas tecnologias, com toda a liberdade possível.

É nesse ritmo inquieto, curiosamente coerente, que vou arquitetando o conceito de meu novo repertório e a feitura de meu novo disco. Não há novidade. Procedo assim há duas décadas, um ser à procura, desde a *Nostalgia da modernidade*.

O rock tem elementos de vanguarda e outros muito conservadores. A procura pela amplificação à válvula, por aparelhos de efeitos, como câmaras de eco, por sintetizadores, por pianos elétricos e por órgãos e guitarras fabricados há décadas é sintoma disso. Quanto mais velho, mais *muderno*.

Misturar a mais recente tecnologia de armazenamento de som com a clássica e jurássica tecnologia de processamento de som nos leva aos mais criativos resultados musicais, e, se tivermos um pouco de argúcia, constataremos como essa abordagem, como essa postura ante o mundo pode e deve ser positivamente adotada em outros tantos setores de nossas vidas.

Sendo esse o conceito fundamental de meu metabolismo criativo, o processo de concepção do novo disco muito se alimentou da leitura da obra de Olavo de Carvalho, sobretudo de um dos textos mais bonitos e inspirados dele, "Poesia e filosofia", que se encontra no livro de estudos reunidos *A dialética simbólica*, onde, aliás, também está o assombroso ensaio/crítica sobre o filme *O silêncio dos inocentes*.

Com a percepção de que a atmosfera das letras e das canções era a da solidão, e de que lidava ali com dualidades antitéticas como eternidade e cotidiano, cosmo e intimidade, acústico e elétrico, fúria e delicadeza, crueldade e compaixão, precisava de título que perpassasse toda a narrativa do álbum. Aquele mágico momento de descoberta ocorreu na leitura de "Poesia e filosofia", precisamente ao fim deste trecho:

> Se a filosofia é amor à sabedoria, ocupação de amantes dispostos a pagar com a vida o preço de sua conquista, a poesia é, em contrapartida, o amor que a sabedoria tem até mesmo pelos homens que não a amam, e que, desatentos e dispersos, não podem escapar de receber ao menos um pouco dela, forçados a isto pelo corpo, que não escapa ao fascínio de harmonia e do ritmo.
>
> A filosofia é a busca da sabedoria, a poesia é a sabedoria em busca dos homens. Isto é tudo, e não há mais diferença alguma. São como duas colunas do templo, o Rigor e a Misericórdia — aquilo que a sabedoria exige, aquilo que a sabedoria concede.

EM BUSCA DO RIGOR E DA MISERICÓRDIA

Eureka!

Ali estava o nome de meu novo disco, *O rigor e a misericórdia*, surgido através de um dos métodos mais queridos, ricos e afetuosos que há: no diálogo profundo com aqueles que não perecem jamais, com uma imensa confraria de almas, inventei esse espaço que é onde "mora" a alma desse disco.

Da mesma forma utilizada para elaborar as letras das canções, as canções em si, os arranjos, as interpretações e seu conceito, "conversei", ao longo de minha vida, com as almas, tornadas partes inalienáveis da minha, de Valéry, Baudelaire, Rimbaud, Quintana, Burt Bacharach, Bruno Tolentino, Da Vinci, Glauco Mattoso, Van Gogh, W. B. Yeats, David Gilmour, Lobaczewski, Heráclito, George Steiner, Emerson, Poe, Carlyle, Borges, Dante, Rabelais, Beethoven, Platão, Zé Ramalho, Jimi Hendrix, Nietzsche, Thomas Sowell, Gaston Bachelard, Nelson Rodrigues, T. S. Eliot, Mircea Eliade, John Bonham, Leibnitz, Jim Capaldi, Voegelin, Buddy Rich, Hölderlin, Buddy Miles, Mel Schacher, Don Brewer, Brahms, John Paul Jones, Paco de Lucía, Unamuno, Edith Piaf, Einstein, Fernando Pessoa, Haydn, Cássia Eller, Bill Bruford, Simone Weil, Jimmy Page, Agustín Barrios, Chris Squire, Nikola Tesla, Jacques Brel, Richard Strauss, Billie Holiday, B. B. King, Shakespeare, Bach, Dalí, Odair José, Robert Johnson, Dostoievski, Joaquín Rodrigo, Garoto, Albéniz, Chesterton, Villa-Lobos, Paulinho da Viola, Proust, Leopardi, meu pai, Emily Dickinson, Dolores Duran, William Blake...

Aportou então nessa incrível democracia de vivos, mortos e seres do porvir, nesse rol cosmogônico de afetos e simpatias, nesse cânone de vozes vindas dos mais diversos recantos da existência, do sonho, do querer e da imaginação, nesse verdadeiro elo de ideias e liberdades, que me reinventa e me pertence, mais uma dessas grandes almas: a de meu querido Olavo de Carvalho.

Que seja ele bem-vindo a essa habitação maravilhosa, esse mosaico de almas, de amores, empatias, conflitos, contradições, questionamentos e harmonias que sou eu transformado em canções. *It's only rock'n'roll*, mas, de qualquer forma, dedico essa aventura a você, Olavo, e à eternidade.

7
Profunda e deslumbrante como o sol

David Bowie já teria dito aquela célebre frase: "Rock'n'Roll is a fine art." Cá entre nós, no entanto, não é qualquer *roquenrou* que pode ser alçado à condição de alta cultura. Temos uma infinidade de porcarias, farofadas, canastrices e armações em todos os seus subsegmentos, mas o fato é que, da metade do século XX para cá, o rock forniu a civilização ocidental de obras-primas de arte de altíssimo nível, que transformariam um gênero de cunho popular em algo muito maior. Transitar nessa área, aliás, é muito perigoso, pois você pode, a qualquer instante, se tornar um pernóstico pretensioso.

Não falo aqui sobre o aspecto social, comportamental etc. Quero me concentrar em outro fenômeno, baseado na absorção de conceitos, na qualidade, na profundidade e na perenidade. Alguns exemplos de obras desta grandeza me ocorrem, a título de exemplo: *The piper at the gates of dawn*, *Atom heart mother* e *Dark side of the moon*, do Pink Floyd; *Are you experienced?* e *Axis: bold as love*, de Jimi Hendrix; *Led Zeppelin III*, *Led Zeppelin IV* e *Physical graffiti*, do Led Zeppelin; *Revolver* e *Sgt. Pepper's Lonely Hearts Club Band*, dos Beatles; *The man who sold the world* e *Diamond dogs*, de David Bowie; *Tommy* e *Quadrophenia*, do The Who; *The Velvet Underground & Nico* e *Electric warrior*, do T. Rex; *The times they are a-changin'* e *Blonde on blonde*, de Bob Dylan; *Exile on Main St.* e *Sticky fingers*, dos Rolling Stones; *A night at the opera*, do Queen; *Close to the edge*, do Yes; *OK Computer* e *Kid A*, do Radiohead; e *Loki?*, do Arnaldo Baptista.

No meu caso, somente a partir de 1995 obtive, com muito esforço, o mínimo de liberdade e de estrutura, musical e empresarial, para começar a tratar meu trabalho como *fine art*. Isso não significa que não tenha carinho e orgulho de meus discos anteriores. Contudo, qualquer observador mais arguto verifica a mudança dramática de qualidade, de conceito e de profundidade entre uma fase de minha carreira, que vai de 1982 a 91, e outra, de 1995 em diante.

Todo o esforço, toda a disciplina, a prática, a informação, todo esse constante aprendizado me levou à procura incessante por independência, tanto como compositor, cantor e instrumentista quanto como produtor e empresário. Foram quase dez anos de preparação para iniciar esse projeto atual, e foi por volta de maio de 2014 que o conceito desse novo álbum amadureceu, com clareza, método, produção e foco.

PROFUNDA E DESLUMBRANTE COMO O SOL

Uma vez alcançado o mínimo indispensável para gravar, com alta qualidade, dentro de meu estúdio caseiro, concluídas as obras depois de quatro meses de reforma, a descoberta do título do disco, "O rigor e a misericórdia", foi consequência dessa atmosfera de entusiasmo criativo em que também as canções começariam a brotar com mais regularidade e coesão. Na verdade, foi nesse momento de "largada", logo no início de junho de 2014, que nasceram quatro canções em uma semana: "Profunda e deslumbrante como o sol", "Assim sangra a mata", "A marcha dos infames" e "Os vulneráveis".

A primeira da série, "Profunda e deslumbrante como o sol", me veio em forma de contemplação e desfrute do céu, ao som do Pink Floyd, em uma tarde magnífica, no meio da estrada, quando viajava pelo interior de São Paulo, de uma cidade a outra, de um show a outro. E então um pôr do sol exuberante me encheu o coração de júbilo, enquanto ouvia, de fone, *Atom heart mother*, mais especificamente a música "Fat old sun". A eternidade entrara de vez no meu horizonte de interesses e seria tema recorrente em todo o processo de criação do disco. Percebi que minhas impressões acerca daquele cenário beiravam a inspiração e, assim que parei em casa, me programei para fazer um tema ascensional, me arvorando pela primeira vez em compor algo otimista, solar. Afinal, eu sou o rei da chuva e da noite, não é verdade?

Para alcançar aquela sensação almejada, de subida, construí uma sequência de acordes maiores ascendentes na guitarra, pensando nas baladas do Hendrix, principalmente em "Drifting", e nas fugas de Bach, especialmente na construção canônica das frases da guitarra com o baixo. Usei um pedal de expressão na guitarra, que deu uma *vibe* estratosférica no tema (com o pé, você controla a intensidade, o prolongamento e o volume do efeito), um recurso chamado *cristal-reverb*.

O resultado é um som celestial de guitarra, um clima sublime, que me animava muito, pois destacava minhas habilidades de compositor sensorial. Eu estava conseguindo, com cada vez maior frequência, conduzir minhas ideias sem depender de inspiração, encadeá-las de modo quase que estritamente mental. A emoção sempre vinha com o produto final. Fiquei maravilhado em tatear um terreno nunca dantes explorado: luz, sol, ascese, eternidade, sublime, transcendência... Um novo paradigma se instaurara, de vez, no coração do disco.

O conceito de *O rigor e a misericórdia* se impunha, tomava conta do pedaço. Saí de vez da noite escura, do frio, do desamparo, mesmo que as novas sensações, as solares, viessem a contrariar os fatos da vida real. Mas, como diria Nelson Rodrigues, azar dos fatos.

No dia seguinte, cuidei de escrever as linhas de baixo (que são os desenhos musicais, as notas do arranjo do contrabaixo elétrico) à la Chris Squire, que nos deixou recentemente, brilhante baixista do Yes, e que seria meu guia na formulação para completar a textura de suporte: a melodia da voz, propriamente dita. Pensei o tempo todo em escrever um arranjo para um *power trio*, guitarra, baixo e bateria, mas acabaria por me render à tentação de incluir um órgão e um vibrafone inspirado em "Drifting".

PROFUNDA E DESLUMBRANTE COMO O SOL

Com a estrutura musical pronta, com a levada da bateria aprovada, a introdução concebida, bem pesada e com muita distorção, para dar um forte contraste quando da entrada da voz, chegava, junto com um novo dia, a hora da letra. Essa ordem, aliás, se repetiria em todas as composições: música antes, letra depois.

Comecei a elaboração dos versos lá pelas oito da manhã e já antes do almoço eu os tinha prontos. Uma letra de quem viaja pelas estradas, sem dúvida, embora o resultado talvez remeta a alguém que está voando e subindo lentamente, em espiral, em direção ao sol, às nuvens, à luz. Tive certo receio de aquilo soar meio cafona, mas a sensação que experimentava com a canção era muito boa, positiva. Tudo indicava que me emaranhara em outra forma de compor. Valia a pena correr aquele risco.

Eis a letra:

> Eu vou falar e é pra valer
> Tenho mesmo que dizer
> Que as coisas vão mudando
> E só não sabe quem não quer saber
> Viver de escuridão
>
> E a escuridão que é mentir
> Vai te deixar sem ter aonde ir
> Pra depois você dizer
> Que é vítima da luz

EM BUSCA DO RIGOR E DA MISERICÓRDIA

Cidades são desertos
De pedra e aço
Monumentos
De esperança e crueldade,
De beleza e esquecimento
E o que eu quero é cair na estrada
Viver a vida iluminada,
Profunda e deslumbrante como o sol

Milagres, pensamentos,
Liberdade, girassóis ao vento
Alegria que cintila em toda essa vastidão
Não há perigo em recomeçar

E viajar e ir além
Da falsificação do bem
E poder sorrir
E poder sonhar

Quero o voo, o céu, as nuvens
Chuva, ventania,
Encantamento,
Casas, torres, chaminés
Eternidade em movimento
E o que eu quero é subir a estrada
Viver a vida iluminada,
Profunda e deslumbrante como sol.

Sair, se deslocar, se destacar das cidades, desses desertos repletos da solidão que emana da multidão urbana, das trevas que nossa era nos impõe; enfim, superar, vencer tudo isso por meio da abstração, da música, do campo aberto, da estrada, da liberdade de criar nossos mundos particulares. Não como mero escapismo, mas como fonte de energia renovadora e revigorante. É como se dissesse nas entrelinhas: "Nada pode deter uma pessoa feliz"... Eternidade em movimento!

Como venho praticando intensa e diariamente os instrumentos requeridos à execução decente do disco, o processo de gravação do álbum se iniciou da maneira mais orgânica possível quando é você quem grava tudo sozinho.

Em primeiro lugar, fixa-se o andamento ideal da canção, depois de vasculhados vários deles, mais lentos, mais rápidos. Às vezes, 1 bpm (batimento por minuto, a unidade de tempo que define o andamento) faz toda a diferença, tanto para o bem como para o mal, de modo que é preciso se concentrar nesse aspecto.

Encontrado o andamento ideal, registram-se guitarra e voz guias, posteriormente substituídas pelas versões definitivas, e aí sim entramos na gravação para valer. Gastei uma manhã inteira inventando uma levada para a bateria, as viradas, a dinâmica da interpretação e a microfonação da sala, para dar a ambiência adequada à atmosfera da música. À tardinha, a bateria estava gravada. Meu kit de bateria é uma Mapex Saturn Series, com um bumbo de 22, tom de 12, e os *floor toms* de 14 e 16 polegadas. A caixa é uma Mapex de cobre, de 14 por 8 de profundidade, que meu querido irmãozinho, um dos maiores bateristas do país, Armando Cardoso, membro fundador de nosso *power trio*, me emprestou.

À noite, depois do jantar, voltei ao estúdio pensando em "construir" um set de baixo parecido com o de Chris Squire, um dos meus grandes heróis de todos os tempos. Com esse novo processador de guitarra (e baixo), eu encontrava, em sua extensa livraria, dezenas de amplificadores, caixas de som e microfones virtuais de uma fidelidade absurda, todos a meu dispor. Tecnologia estilo "nostalgia da modernidade": última geração em processamento e efeitos, no entanto com a sonoridade *vintage* dos *amps* clássicos, à válvula.

Era a primeira vez que gravaria daquela maneira, algo do tipo "montar" o set de baixo no computador, o que remetia a um jogo de paciência: bastava dar um clique no *amp* desejado para ele surgir no grid, como uma carta colorida. Busquei um Ampeg de 200 watts para um canal e um Marshall de guitarra para o outro, uma caixa com oito falantes de 10 polegadas de cones metálicos, e outra, clássica, para guitarra mesmo, com quatro falantes de 12 polegadas. Um compressor, um drive, um baixo Fender Precision 1986 Aniversário, com captação ativa, um *flanger* discreto no canal do Marshall, e então me vi satisfeitíssimo com o que ouvia.

Um som com profundidade, muito grave, acrescido de outra fonte sonora (o Marshall de guitarra), que proporcionava outra camada de som, com alguma saturação, muito médio e médio agudo, me permitindo construir um fraseado mais ágil, com mais notas e mais melódico. Uma equalização muito grave nessas ocasiões embola tudo! A frequência grave é impossível de se deter. Invade tudo.

Para minha surpresa, meu traquejo com o instrumento superou em muito minhas expectativas e, a partir de então, o baixo se tornaria meu xodó nas gravações.

Na manhã seguinte, me dediquei aos teclados. Sabia que deveria agir com parcimônia e que só serviriam de elementos coadjuvantes naquela canção. Catei um *plug-in* de vibrafone na minha livraria e anexei ao som que vem nos *presets* de meu piano elétrico. Ficou lindo. Depois de gravar o vibrafone, achei interessante incluir umas frases de um órgão Hammond B3 em algumas partes, onipresente nas igrejas gospel americanas e que se tornou um *must* no R&B, no soul e no rock. Para se ter uma ideia, entre alguns dos grandes expoentes do instrumento estão Jimmy Smith, Billy Preston, Keith Emerson e Jon Lord.

Prontos os teclados, me preparei para colocar a guitarra principal, a chamada guitarra centro, na verdade solitária em todo o correr da música, exceto na introdução e no final. Aquela guitarra seria a espinha da canção e, controlando os pedais de *reverber*, alcancei com ela uma sensação abismal na execução.

O som do processador Fractal é demencial! É quente, sólido e, ao mesmo tempo, cristalino, versátil. Usei um amplificador Soldano 100 W e outro Vox AC 30 W para gravar com duas caixas de quatro falantes de 12 polegadas. Uma do Bassman e outra do Marshall. Anexei o clássico Delay 2290 (*ping-pong*) da TC e o Cristalverb da Eventide. Acoplei um *tape distortion* no equipamento para gravar o solo. Na madrugada, consegui elaborar o solo da guitarra, inspirado em Steve Ray Vaughan, Jimi Hendrix e David Gilmour, e, para minha felicidade, o resultado ficou muito pessoal. Um som claro e prístino de guitarra, com várias camadas de *delay* e *reverber*, e então é como ouvir vozes de anjos vindas do céu.

Gravei as guitarras distorcidíssimas da introdução e do final (umas quatro, duas em cada canal) com um clássico *Big Muff* e, já no raiar do dia, tinha toda a parte instrumental concluída. Era dormir bem para acordar descansado e gravar a voz direito.

Usei, para gravar o centro e o solo, uma guitarra Zaganin, feita sob medida para as minhas especificações: telecaster, semiacústica, com uma alavanca Bigsby, braço mapel, um captador mini-*humbucker* na ponte e dois *lipsticks*, um no meio e outro no braço. Para as guitarras da introdução e do final utilizei uma Les Paul Black Beauty mod 74 de três *humbuckers* e uma Zaganin com dois *humbuckers*. Detalhe: todas com alavanca Bigsby.

A voz foi gravada com um microfone Neumann Type M 147 Tube, que é macio e alivia as frequências médio-agudas, bastante desagradáveis na minha voz.

Escolhi essa canção aleatoriamente para detalhar com mais profundidade as sessões de gravação e as atividades no estúdio. Trata-se de um registro fidedigno das etapas de produção.

8
Assim sangra a mata

Minha aventura pelo coração da Amazônia em 2012 não rendeu apenas um intenso capítulo para o *Manifesto do nada na terra do nunca*, mas também uma inacreditável reação de revanche e ódio por parte da cúpula de argentinos kirchneristas que dirigem a programação da Band.

Quantas pessoas no mundo terão sido "pauta" de praticamente toda a grade de programação de uma emissora de TV aberta? A ordem era detonar... el Lobón! Chiquérrimo, não?

Um desses excêntricos diretores platinos teve o desplante de escrever em sua página no Facebook um "pedido de desculpas ao povo brasileiro pela vergonha de um dia ter me contratado". O corajoso, em pouco tempo, acabou retirando a notinha simpática de sua página, não à toa após meu comentário sobre sua pérola, no qual desenvolvia um raciocínio irrefutável e sugeria que se imaginasse o cenário oposto. Por exemplo, um produtor brasileiro assume um cargo de direção numa emissora argentina, contrata por lá um astro do rock local, tipo Charly García ou Fito Paez, para integrar um programa. De repente, em função de alguma divergência, o astro de rock pede para deixar a atração. Ocorre, então, o distrato formal e esse produtor brasileiro vai às redes sociais se desculpar com o povo argentino por ter a vergonha de haver contratado... um Charly García ou um Fito Paez.

Vocês podem imaginar o que aconteceria ao desavisado? Seria massacrado.

Aqui no Brasil, porém, é diferente. E eu tive de enfrentar, no peito, a tentativa chavista e petista de destruir minha (inabalável) imagem. Fui detonado por meses e de todas as formas possíveis. E perderia, infelizmente, amizades de décadas, meus ex-amigos, contratados da emissora, obrigados a me detratar das maneiras mais sórdidas possíveis. Me vi seguido nas ruas, em restaurantes, em livrarias. Tive minha privacidade invadida e fui vítima de montagens como a do trote criminoso em que alguém se fez passar por Mano Brown, tudo para que eu fosse associado à covardia. Declarações minhas foram descaradamente manipuladas, e de repente eu era a favor da censura. Uma maravilha! E a audiência caindo como um piano do décimo andar. Tudo tem um preço, né?

Nada como o tempo...

Alguns dos funcionários que serviram de mula no ataque a mim logo acabariam demitidos, presumo que pelo baixíssimo desempenho. Outro, que tentou a carreira de âncora, teve seu programinha cancelado e amarga ostracismo condizente com sua malfadada resiliência.

Em tempo: amo a Argentina! Adoro a música argentina, a literatura, o cinema, a comida e o valor de seu povo, e tenho certeza absoluta de que esses para cá transferidos não representam aquela grande civilização.

Mas, sendo mais o objetivo, eis a questão: qual o motivo daquele assanhamento todo contra minha pessoa?

Intuo que a causa da celeuma esteja em eu ter relatado uns pecadilhos do programa *A Liga*, de que fiz parte, em dois capítulos do *Manifesto do nada na terra do nunca*. É que fui ao coração da Amazônia e visitei um garimpo, o primeiro legalizado no Brasil, inaugurado pelo ex-presidente Lula. A missão do programa era fazer a propaganda enganosa segundo a qual o tal garimpo se diferenciava de todos os demais por não usar mercúrio no processo de extração. E é claro que usava, como descobri, impedido, no entanto, de divulgar a verdade na "reportagem". Tampouco pude tratar da situação devastadora das terras periféricas do garimpo, que sofriam um terrível processo de desmatamento. Eram vetos intrigantes, porque sobre os dois fatos jornalísticos mais relevantes de nossa excursão.

Esses episódios pouco enobrecedores, mais outros tantos da mesma natureza, precipitaram minha saída do tal programinha.

Mas essa miséria moral não mataria a capacidade de a Amazônia me alegrar e inspirar. Assim, quando me pus a compor febrilmente para o novo disco, em meados do ano passado, me veio à memória um teminha folk/fluvial que cantarolara na barca que me levava pelo rio Madeira. Um teminha que, na verdade, compusera por ocasião de meu Acústico MTV, lá pelos idos de 2006, e para o qual nunca elaborara uma letra.

Comecei assobiando uma melodia que lembrava uma música do Burt Bacharach, tipo "The world needs love", num compasso de três por quatro (típico de valsa) e com uma levada bem Neil Young no violão. O teminha saiu inteiro! E não foi à toa que me voltou enquanto navegava Amazônia adentro, contemplativo, bucólico e fluvial. Aquilo me emocionava. E o teminha era a trilha sonora que se impunha naturalmente.

Embriagado por aquela nostalgia, peguei meu violão folk, um lindo Taylor, e me pus a tocar o tema, ao mesmo tempo provocando minha memória e invocando as sensações que me marcaram naquela profunda experiência amazônica: estrelas cravejantes num céu de negro profundo e fundido com a terra no breu da selva, a saudade de minha mulher querida de olhos de farol, olhos que se corporificavam nas estrelas lá em cima e que me apareciam quando deitava na rede, já em outro céu, uma lua que surgia entre as nuvens. Todas aquelas emoções díspares de desconforto, hospitalidade, calor de dia, frio de noite, me invadiam a alma. O carinho dos habitantes do garimpo, o deslumbramento, a saudade, o pertencimento, a tristeza, a esperança, a devastação da floresta, o vapor do mercúrio naquelas imensas piscinas prateadas que, incrustadas naquele terreno avermelhado, vivo, de carne esfolada recém-deflorada, mais pareciam a paisagem de outro planeta.

Tantos entreveros sombrios e, ainda assim, mais uma canção. Mais uma que, após ultrapassar sentimentos hos-

ASSIM SANGRA A MATA

tis, nascia bela e serena, como uma recompensa, como se minha alma quisesse me dizer: "Tudo pode virar beleza." Eu a batizei de "Assim sangra a mata":

    Canto em silêncio e a memória me traz
    Seus olhos em milhões de estrelas
    A lua tropeça nas nuvens e o amor
    Me invade em plena floresta
    Ahhhhhh! O vento que sopra
    Ahhhhhh! Me traz um perfume
    Ahhhhhh! E a noite transborda
    Com a minha alegria estampada no céu!
    No céu!!!

    Nada se vê além de um negro profundo
    No coração da floresta que a noite engoliu
    Às vezes a noite é um insight da morte
    Enquanto a aurora, a vida que há de vir

    No embalo da barca ao sabor da maré
    O negro e o vermelho das chamas
    Nas margens igrejas em igarapés
    Fiéis a clamar esperança

    Ahhhhhh! E assim sangra a mata
    Ahhhhhh! O vapor do mercúrio
    Ahhhhhh! É o preço do ouro
    Sangue e fumaça, beleza cruel
    Cruel

Minha alma vagueia no embalo das águas
Em meio ao fascínio de furioso esplendor
Mesclando o luto do abandono
Com a alegria intensa de ter meu amor
E encher meu coração de esperança
Com as gotas de sonho que o vento me traz
E crer na chuva como benditas lágrimas
E que a boa vontade inunde essa terra de luz

Na gravação, usei um violão folk de seis cordas (Taylor), um violão de doze (minha Gretsch Rancher), bateria (vassouras em vez de baquetas), um baixo bem grave e com melodia destacada (no final, concluo com um solinho), um Mellotron de flauta (*plug-in*) e um *glockenspiel*, um instrumento de percussão composto de um conjunto de barrinhas de metal afinadas em escala, como se um minivibrafone (na verdade, um *preset* do Nord Lead II), que deu o toque de delicadeza infantil à canção. Coloquei ainda uma queixada de percussão para criar um clima.

Nesse arranjo, gravei muitos *backing vocals*. Buscava um ar meio Crosby, Stills, Nash & Young, e penso ainda que vou gravar uma guitarra com slide, para evidenciar a *vibe* onírica do cenário.

No fim das contas, o fascínio disso tudo é constatar que, depois da pressão advinda de um embate tão desigual, tão covarde, ainda assim pude transubstanciar tantos golpes baixos numa canção tão bonita. Isso é um milagre. Mais uma comprovação de que compor, para mim, é um ato de cura e de crescimento, um gesto de amor que tudo transforma.

9
A marcha dos infames

Às vezes me flagro pensando alto: "É, João Luiz... És um puta encrenqueiro, hein, rapá?"
Esse tipo de questionamento já foi tema de muita sessão de psicanálise, muita conversa nas estradas, muito *filosobol* nos botecos e bares de hotel da vida, mas a verdade insofismável é que me sinto muito feliz do jeito que sou. Entendi que não devo calar diante das arbitrariedades, injustiças e mentiras. Quem cala consente. Creio que o fato de ser artista me coloca obrigatoriamente como opositor orgânico, assim como deveriam atuar os jornalistas. Ser artista chapa-branca é se permitir a uma das mais lamentáveis condições.
Há muitos que insistem na ilusão absurda de que eu era PT e virei casaca. Mas política não é time de futebol. Nós, eleitores, somos os patrões, e os políticos estão lá para nos

servir. Não está bom, muda. Quem está (ou deveria estar) no comando é o eleitor. Um partido político jamais deveria preencher o vácuo existencial dessas pobres pessoas que o consideram algo mais importante que suas próprias vidas. Coisa de país de cultura patrimonialista e estatizante desde sua descoberta, que se soma a uma baixa-estima coletiva de invejar qualquer vira-lata atropelado recolhido a um canil.

Quando aceitei fazer campanha (gratuita) para o PT, em meados de 2002, foi no intuito de dar força a um partido de oposição que supostamente empunhava a bandeira da honestidade da atuação pública. Visitei, então, o comitê central, em São Paulo, e ouvi dos caciques Lula, Dirceu e Genoino a jura de que o Brasil teria, em dez anos, crescimento econômico e qualidade na educação maiores que os da Coreia do Sul. Segundo os cabeças do petismo, exportaríamos cientistas às dúzias e ganharíamos pencas de prêmios Nobel de literatura, medicina e física.

Como, porém, não sou cínico, postiço, frouxo, desonesto, *minhóquico*, injusto nem ineficaz, bastaram dois anos de governo do Partido dos Trabalhadores para constatar que fora logrado por um bando de malandros-agulha (os que acham que o espetam, mas acabam por levar no buraco). Um clássico caso de desilusão ante quem prometeu uma coisa e não cumpriu. Simples assim, sem tirar nem pôr.

Creio que minha primeira declaração formal de ruptura com o PT foi representada pelo movimento "Peidei, mas não fui eu", ainda em 2007, quando lancei a grife de camisetas junto com uma paródia de "O que será que será", de nosso glorioso Chico Buarque, nomeada "Oh, quem será que peidar", exibida na internet através do Youtube e que alçou a recauchutada obra-prima à eternidade desde um quarto de hotel.

> Oh, quem será que peidar
> Que tire o cu da reta e não demore
> Com a mão amarela, se inocente
> Que sem prova concreta não dá pra pegar
> Que todos os trambiques irão te salvar
> Com todos os auxílios da presidência
> E todos os benefícios da leniência
> De todos os decretos que te aliviam
>
> Pois quem não tem vergonha quando chafurda
> Não entende o desespero de coisa alguma
> Pois quem não tem decoro nem nunca terá
> Porque não dá castigo
>
> Ah, quem será que peidar
> Que apague a luz dos aeroportos
> Pra debaixo do tapete todos os mortos
> E vem gente me pedindo: relaxa e goza
> Colhendo os impostos para a mesada
> Na eterna incompetência do governante
> Impondo com orgulho a falcatrua
> A dança do larápio que ganha a rua

EM BUSCA DO RIGOR E DA MISERICÓRDIA

Enquanto que a gente a se perguntar
Onde que a gente então vai parar
E, se não tem remédio, pra quê implorar?
A quem não dá ouvido

Oh, quem será que peidar
Desfaça o flagrante dos mensaleiros
Que faça um desagravo pros brasileiros
É só um feriado que a gente esquece
Se benza duas vezes com a mão na massa
Com a cara de enlevo, ninguém vai notar
Triplique o dinheiro para a Olimpíada
Com a cara de tacho que te consagra

E, no próximo vexame, ninguém vai lembrar
Não há merecimento nem nunca haverá
Porque ninguém exige nem exigirá
A tua cabeça a prêmio

Sabemos que um dos maiores fetiches de um petista consiste em tentar acreditar que Chico Buarque seja um gênio de raça. Essa mórbida paixão é um dos elementos mais emblemáticos desse desagradável fenômeno que vivemos há décadas e que nos obriga a aturar essa mentalidade tacanha e equivocada: o culto à perpetuação da abulia, da frouxidão, do autoengano, da inveja da potência exuberante norte-americana (para eles, estadunidense), refletida de forma indelével, por exemplo, naquela ridícula passeata contra a guitarra elétrica nos anos 1960.

A MARCHA DOS INFAMES

Como constatamos a total falta de senso de humor do sectário da estrelinha vermelha, percebemos que o petista antes de tudo é um fosco, e escarnecê-lo de todas as formas tornou-se uma espécie de hobby para mim. Afinal, uma coletividade de bandidos frouxos jamais resultará em algo pujante, vitorioso ou eficaz, e o povo brasileiro tem de entender isso de uma vez por todas. Simples e pura teoria dos conjuntos.

Com a sanha rubra das plenárias e das milícias (detesto essa expressão) contra meu nome aumentando, logo meus shows começariam a ser derrubados, e minha agenda, esvaziada, sempre com o mesmo motivo: "em função das posturas políticas do artista Lobão, decidimos pelo cancelamento do show tal, data tal, etc. e tal." Em alguns casos, os contratantes eram ameaçados por hordas de MAVs, que invadiam a página do pobre empreendedor jurando queimar a casa de espetáculos ou o local do evento, e trazer dezenas de ônibus de militantes com paus e pedras e coisa no gênero, caso insistisse em não cancelar minha apresentação. Cheguei até a imaginar um empreendimento muito lucrativo nesses moldes: um *linchódromo*.

A caça a mim ganharia ainda mais volatilidade quando o ilustre vice-presidente do PT, "coordenador das Redes Sociais do partido", o sr. Alberto Cantalice no País dos *Paumolengas*, publicou, no site oficial do partido, uma espécie de convocação em que pedia a cabeça de certos jornalistas, eu entre eles, a seus patrões (tipo: "demitam essa gente, já!") e incitava o ódio na sua claque. Sempre naquele viés obtuso de distorção assimétrica do que é real: se alguém fala que os aeroportos estão caindo aos pedaços (e estão!), a leitura de um mentecapto desses é de que somos contra os pobres viajarem de avião. Se toda a infraestrutura do país está por desmoronar, se a rede hospitalar cai aos pedações, se a educação foi sucateada, se a segurança inexiste, se a economia é conduzida com irresponsabilidade, se há inflação galopante, desemprego galopante, juros extorsivos e roubalheira descarada, bem, identificar e apontar isso significa ódio... aos pobres!

Mal podia imaginar ou prever o sr. Cantalice que, em muito breve, qualquer elemento detectado em público como petista correria o risco de ser *apanelado*, desmascarado num restaurante, numa comunidade da periferia ou numa casinha de sapê. Teria ideia o sr. Cantalice de que o petista logo se tornaria uma verdadeira presa de um prosaico e inocente utensílio doméstico? Um *panelofóbico*? Verificamos com celeridade que a panela está para o petista assim como o alho para o vampiro. Que fase...

Quando haveria o sr. Cantalice de desconfiar de que seu partido e sua patotinha sectária seriam alvos de estrondosos e históricos panelaços, de bíblicas passeatas e da rejeição nacional? Poderia o sr. Cantalice, em seus piores pesadelos, imaginar que gente do povão desbatizaria uma comunidade, como ocorreu em Campo Grande, Zona Oeste do Rio de Janeiro, mudando o nome de Favela Dilma Rousseff para Favela dos Abandonados?

Soube da convocação inquisitorial patética do sr. Cantalice ao ler a coluna de meu muito querido Reinaldo Azevedo, também incluído na lista dos a serem perseguidos, e, num gesto de adesão imediato, pensei com meus botões: farei uma música como réplica infernal. E assim foi. Como acabara de compor na viola caipira um tema de encomenda para uma peça do Brecht que acabou abortada, algo meio solene, marcial e clássico (havia me inspirado num adágio da Sétima de Beethoven), intuí que tinha ali o cenário musical perfeito para minha epopeia em resposta ao libelo do PT.

O tema se desenvolve em quatro variações de quatro estrofes cada, e logo imaginei uma letra que se desdobrasse em oito estrofes, para que pudesse dividi-la em primeira e segunda partes, ao final com uma terceira apenas com lalalás de dimensões bíblicas. A primeira parte seria mais contida, tensa e marcial, englobando a sequência inteira de quatro estrofes, e a segunda, a repetição dessa mesma sequência, só que torrencial, patética, triunfal, ameaçadora, com uma maçaroca de guitarras, baixo e bateria (o resultado final me faria lembrar do Queen).

A primeira sequência é executada por uma caixa de guerra típica de pelotões de fuzilamento, uma viola caipira que é a espinha dorsal do tema e várias camadas de sintetizadores com sons bem processados, mas que servem para emular a massa de uma sinfônica. Algo como contrabaixos, cellos, violinos, oboés, órgão e coisas do gênero, mas de forma processada, com efeitos e filtros.

Como era uma canção tragicômica, tonitruante, quase que operística, seria absolutamente necessário adotar uma interpretação que beirasse ao mesmo tempo o ladino, o comovido, o contido, o exagerado, o emocionado e o *bufônico*. Tentei me inspirar em Edith Piaf, Jacques Brel, Gilbert Bécaud e Bibi Ferreira, pois, por incrível que pareça, tratava-se de uma peça a requerer habilidade vocal e interpretativa para além de meu corriqueiro estilo de cantar. Pensei também, claro, em Inri Cristo, ele mesmo, e coloquei uma *vibezinha* dele na interpretação para, em estado de êxtase, clamar: "MEU PPPAI!"

Ao se fecharem as duas sequências já repetidas, acoplei a tal terceira e reproduzi novamente as quatro estrofes iniciais, só que desta feita acionando um coro de múltiplas vozes, de várias oitavas diferentes, para estimular uma sensação de populacho iracundo, de aclamar indômito, algo que remetesse à queda da Bastilha (do Planalto).

Gravei muitos lalalás, entusiasmados, retumbantes, inflamados, estrondosos e contritos (perdoem a torrente de adjetivos, mas estou muito emocionado), e tudo isso enquanto imaginava aquelas vozes como a de um povo que canta consciente de seu poderio (ai, meu Deus!), invadindo o Palácio do Planalto, clamando pela derrubada de uma presidenta inerme, esta tentando inutilmente escafeder-se num helicóptero, cujo motor, por falta de gasolina, falharia, e então ela tropeçaria na bainha da espada de um dragão da independência e se entregaria, derrubada, à turba ensandecida (tudo licença poética, tá?); sendo que, desde já, dedico essa passagem específica da canção (os lalalás tonitruantes) à glória fenecida de um povo órfão, somente na honra ao qual uma imagem musical como esta, com a força de uma imaginação comovida, tão dramática e épica quanto irreal, poderia brotar, como um grito, desde o fundo de meu cerebelo. Ufa!

A MARCHA DOS INFAMES

E, numa *vibe Les Misérables*, aqui está minha resposta à lista negra do PT, "A marcha dos infames":

Aqueles que não são
E que jamais serão
Abusam do Poder
Demência e obsessão

Insistem atacar
Com as chagas abertas do rancor
E aos incautos fazer crer
Que seu ódio no peito é amor

Tanto martírio em vão
Estupro da nação
Até quando esse sonho ruim,
Esse pesadelo sem fim?

Apedrejando irmãos
E os que não são iguais
A destruição é a fé,
E a morte e a vida, banais

E um céu sem esperança
A infâmia cobriu
Com o manto da ignorância
O desastre que nos pariu

EM BUSCA DO RIGOR E DA MISERICÓRDIA

E o sangue dos ladrões
De outros carnavais
Na veia de vilões
Tratados como heróis

E até quando ouvir
Cretinos e boçais
Mentir, mentir, mentir
Eternamente mentir

Mas o dia chegará
Em que chão da Pátria irá tremer
E o que não é não mais será
Em nome do povo, o poder.

A canção foi lançada, com toda a urgência do momento, como *single* nas redes, exclusivamente para efeito de réplica e repúdio à famigerada carta do Sr. Cantalice, dedicada a todos os meus colegas de lista negra: Reinaldo Azevedo, Arnaldo Jabor, Demétrio Magnoli, Guilherme Fiuza, Augusto Nunes, Diogo Mainardi, Danilo Gentili e Marcelo Madureira. Será, entretanto, totalmente regravada, remixada e remasterizada para ser reapresentada, em sua forma definitiva, no novo disco.

10
Os vulneráveis

Com a "Copa das Copas" alardeada aos quatro ventos, seu triunfo duvidoso cantado em verso e prosa pelos petistas de plantão, uma leve antipatia seca-pimenteira do evento me tomou. Eu tentava humildemente escrever, no recôndito de meu estúdio, uma letra, já àquela altura um tanto ansioso por algum resultado, momento que coincidia com o jogo inaugural da dita cuja.

Nem sempre as mágicas funcionam, e nem tudo que escrevemos pode servir como letra de uma canção. Contudo, o poeminha composto durante a partida de abertura da Copa me ensejaria profundas divagações... Eu estava aboletado no sofá do estúdio, à espera de uma iluminação qualquer que não vinha. Bebia uma taça de vinho, ouvia ao longe os rojões e as cornetas, como que vindas de outro mundo, recusando-me terminantemente a aderir ao clima de ansiedade, torcida e apreensão. Eu não compartilharia daquela realidade futebolística, ainda que sua presença estrondosa fosse tão invasiva. E foi com esse humor desesperançado que de repente me veio uma enxurrada de versos esdrúxulos, gritantes da realidade muito particular em que havia me encerrado.

Quando fui ao banheiro, o barulhão todo irrompendo pelo basculante do espaço mínimo, me senti então envolvido por aquela esquisita forma de alegria, algo tão estranho para mim. Tudo o que queria era escrever uma letra de música, mas o furor exterior não me deixava, e uma pegada *glaucomattósica* se antecipou, as rimas mais inusitadas jorrando com a mesma intensidade de minha mijada redentora.

O resultado, em surpreendente forma de poema, foi o manifesto "Um gol do Brasil?", que dediquei a Glauco Mattoso:

> Para além das paredes que me defendiam
> A euforia alienígena espreitava ruidosa
> E num sereno e invicto exílio, até então,
> Não me ameaçavam, não me aturdiam
> Nem atingiriam os meus versos ou prosa
> Nem meu recluso país da imaginação
>
> Até quando não mais que de repente
> A bexiga me chama para ir ao banheiro
> E uma emboscada de alvoroço estridente
> Assassina inclemente naquela imprópria folia
> Em nome da maior paixão do brasileiro
> O frágil sossego na minha torre d'Abulia

OS VULNERÁVEIS

Pequenas alegrias sem dó massacradas
Em meu sagrado e diminuto recanto,
Num átimo virado em templo violado
Por um esculacho grosseiro e descuidado
Grosseria do esculacho em desencanto
Sem direito sequer às glórias do passado

Lamentava o incidente debruçado na pia
Justamente ao cair do nervoso crepúsculo
Meus idílicos momentos evaporados
Em estado de choque, atônito, flagrado
Por um espelho cruel que de mim escarnecia
Emparedado a mijar no lavabo minúsculo...

Mijava a meditar quase em paz, quase tranquilo
Numa espécie de outrora quase aqui, quase agora
E de súbito, ai de mim, traído por coletiva histeria
Como um lunático anelando amputar a Vênus de Milo
Era em vão, era inútil evitar aquela insana alegria
Assim como procurar a noite escura na aurora

O alarido invadia meu ouvido aos borbotões
Sangrando gritos, apitos, vuvuzelas e rojões
Bandeiras desfraldadas, todas parelhas
Farfalhando esperanças amarelo-verdejantes
Vez por outra, pasmem, até as vermelhas!
E, na algazarra, um agouro: nada será como antes

EM BUSCA DO RIGOR E DA MISERICÓRDIA

Pelos labirintos limpinhos das minhas orelhas
Penetravam sem esforço ruídos do basculante
E como num oráculo mortiço de pitonisa velha
Como um insensato a bulir com quem lhe dá na telha
Aquelas sensações traumáticas e atordoantes
Cavavam tiques nervosos em meu semblante

No seio daquelas manifestações patrióticas
A bola entra no gol e o goleiro vislumbra
O silêncio do grito de uma torcida morta
Enquanto ainda chorava na minha penumbra
A tirania da alegria na sua ilusão de ótica
C'o afago amargo do susto marcava a derrota

Imaginando-se original e ignorando-se raquítico
O brasileiro se vê quente, sexy e sem defeitos
O rei absoluto dos estratagemas parasíticos
O brasileiro, curvilíneo, é o artista dos contornos,
Amamentado pelo esquema de um rebanho de eleitos
O brasileiro, tão valente, não passa de um morno

Às profundezas d'alma quase nunca foi afeito
Sempre ao acaso, oco, raso, ralo e estreito
Eternamente imune aos fatos que o condena
Que se dane se superfaturaram as arenas
Ser Ele, o brasileiro, o esperto mais que perfeito
Ser ele o tal, o basta! Ser ele o brasileiro da gema!

OS VULNERÁVEIS

E este é um traço dessa estranha metarraça
Jamais uma insinuação da qualidade ser defeito
Nem leviano afirmar a graça ser desgraça
Muito menos, imaginem!, o defeito
Ser no fundo um anátema que faça
Como fogo sem fumaça, o errado ser direito

Enquanto isso, aturdido, mijei um sinuoso poema
Chuva oblíqua que cai de um spray em linha reta
A euforia que a Fifa me impunha como sina
Um thriller de serial-killer de uma cena de cinema
Me descia tão mal que nem o santo mijo na latrina
Acudia o voo dos devaneios p'la janela indiscreta

E é por isso, em nossa história não me iludo,
Quando fazemos das algemas um adorno,
O inverso do inverso é tormento sem transtorno
Dando as cores dos trambiques mais absurdos
Os mais suaves contornos de um torpe acalento,
O suborno é virtude e virtude, excremento

Pulseiras eletrônicas coroam as canelas
Como festejar uma final com gol de impedimento
Patrocina-se com orgulho a merda do zé-ruela,
E a pires de leite se cultivam as mazelas
Nas plagas de cá, primeiro e único mandamento
Brasileiro seria brilhar em que estrela?

EM BUSCA DO RIGOR E DA MISERICÓRDIA

Mijadinha é ato que nos inspira e ilumina
Mijar sempre nos trás uma ótima ideia,
Nos socorre com a centelha líquida e amiga
A inspiração se faz na vacância da bexiga
Ao sabor da nano cascata de urina
Poder cantar assim essa humilde odisseia

E eu, poeta aliviado de seus fluidos,
Esses estranhos e entranhados musos
Aqui a retratar, por puro vício, à moda antiga,
Algo meio assim, diria eu, fora de uso
Dispensar com poesia a ureia e a albumina
Na sua delicada queda em forma de cantiga

Seria normal presumir que alguém marcou gol,
Não fosse do adversário a inexorável goleada
No barulho de um silêncio que jamais parou
Poder afirmar que foi contra sendo a favor
Ser norma imaginar que o abuso é que arrecada
E o abuso, a constante de nosso estúpido louvor

Nos é impossível gritar: vitória, sempre!
Pois a derrota vive teimosa e visceral
A corroer nosso coletivo ventre
Crentes que a lorota latente alimente
Nossa eterna fome de preguiça mental
Mesmo a derrota sendo mais que iminente

OS VULNERÁVEIS

E não venha me chamar de pessimista
Ou que cometi mais outra injustiça
E nem outro tipo qualquer de pirraça
Diagnóstico apressado e reducionista
Brasileiro é esperto, tem alma de artista
Malandro menino, o gênio da massa

E como um bêbado equilibrista
Do Nunca ao Nada, na alegria ou desgraça
Jacta-se único na História Universal
E eu aqui no lavabo apenas, observador
Um brasileiro varado de patriótico furor
Aturdido, contudo, aliviado a sacudir o pau

Ergo solene em mais um brinde a minha taça
Bradando repleto de infinito amor:
Fodam-se os fatos, à merda o pudor!
Viva a Fifa, a Dilma e o escambau!
Viva o Brasil, o país da trapaça!
Viva o Rei da Cachaça e o Escrete Nacional!

A letra de "Os vulneráveis" viria na manhã seguinte a meu pequeno devaneio, quando tentava escrever minha coluna para *Veja*. Sim! Após o lançamento do *Manifesto do nada na terra do nunca*, quando concedi uma entrevista para as páginas amarelas da revista, me veio um belo convite para lá escrever periodicamente. Vocês podem imaginar o fuzuê que foi a notícia nas hostes desafetas, não é verdade? Nada mais subversivo do que essa aliança. Lobão escrevendo na *Veja*!

Uma experiência incrível, que me traria novos amigos e colegas extraordinários, como Thaís Oyama, Augusto Nunes, Joice Hasselmann, Reinaldo Azevedo, Rodrigo Constantino, Felipe Moura Brasil e Carlos Graieb, entre outros.

O fenômeno do tal mosaico das oposições me unia mais uma vez a uma valente e poderosa facção de guerreiros.

Contudo, em virtude da árdua empreitada com o disco, tive de pedir férias da revista por tempo indeterminado, pelo menos até concluir o projeto.

Mas, como dizia, a letra de "Os vulneráveis" surgiu quando tentava escrever um artigo para *Veja*, texto que afinal engavetaria. Porém, lendo-o agora com mais atenção, tive o impulso de publicá-lo, o que farei aqui, por seu teor explicativo em si (que achei interessante) e por se configurar, passado esse tempo, em valioso instrumento de reabertura da trilha de raciocínio por meio da qual acabaria por chegar à letra de "Os vulneráveis":

O poeta faz da limitação uma poderosa alavanca para sua expressão. Diante de um comportamento autoindulgente, que vivenciamos em todas as esferas da sociedade, podemos concluir que estamos a caminhar para uma era de absoluto servilismo.

Com a proliferação de leis e medidas que se intrometem na vida privada do cidadão, nós vamos cada vez mais cedendo espaço para a servidão a um Estado centralizador e coercitivo.

E, pior, com isso vamos perdendo nossa capacidade de conviver e desenvolver nossas verdadeiras inclinações e desfrutar de nossos gostos pessoais, desejos e ambições, sob a lupa controladora do politicamente correto, que se assume como nosso corrimão moral e que nos faz apenas seres imitativos, tendo nossa percepção e nosso julgamento pessoal do que é bom e ruim, bem e mal, completamente atrofiados.

Na verdade, passamos a nos habituar com uma espécie de maniqueísmo de Estado: ou você é a favor (bom) ou você é contra (mau). Quem é a favor está incluído e quem é contra há de ser banido.

Com um exército de incapacitados reflexivos, de criaturas desprovidas de uma mínima capacidade em desenvolver algum tipo de raciocínio original, fica muito fácil para a máquina de propaganda estatal se transformar numa poderosa arma de uniformização de toda uma sociedade. Basta nós observarmos o típico *universotário* de esquerda, com todos os seus clichês, jargões, mímica corporal, a indumentária, e sua meia dúzia de frases pré-fabricadas, para constatarmos a violenta terraplanagem cultural e doutrinária que vem sofrendo uma substancial camada da população, principalmente nas escolas e universidades.

O bom e o ruim, o bem e o mal, estão vindo empacotados, transformando a coletividade num sem-número de cretinos fundamentais que só conseguem balbuciar repetecos de frases feitas.

E assim vamos mergulhando na mais densa mediocridade comportamental e existencial. Não é de graça que a atual produção musical do país é a mais inexpressiva e desimportante de toda a história da música popular brasileira.

Não há necessidade de uma censura centralizada. O artista chapa-branca já se autoinibe em tratar de determinados assuntos-tabu com temor patológico de uma patrulha severa, de ser chamado, por exemplo, de reacionário (artista morre de medo de ser chamado de reacionário!), de golpista, militarista, direitista e o escambau a quatro, e, sendo assim, espraia-se um tenebroso silêncio de criatividade, pusilanimidade, cinismo e resiliência.

Qualquer mero mortal, cidadão comum, irá tropeçar diariamente nas restrições cada vez maiores de nosso comportamento cotidiano, sendo nós forçados a conviver e nos subjugar aos mais ridículos e verdadeiramente preconceituosos termos que o politicamente correto possa engendrar. Coisas do tipo "melhor idade", "afrodescendente", "verticalmente prejudicado", "privado de visão", entre tantas outras.

O politicamente correto é essencialmente imitativo e nos priva de nossos conceitos próprios. Nos reduzindo a um estado de servidão coloidal, de *bundamolismo* existencial.

Já dizia Kenneth Minogue: "A essência da mente servil reside na disponibilidade de aceitar uma direção externa em troca da liberação do fardo de uma série de virtudes como parcimônia, autocontrole, prudência e civilidade."

Se observarmos nosso redor, somos cada vez mais cerceados de nossas liberdades e opiniões pessoais para ceder ao servilismo do senso comum e dos impulsos tutelados por um Estado e por autoridades cada vez mais invasivas e que nos infantilizam e nos enfraquecem, nos drenando as responsabilidades, assim como nos erotizando precocemente, com a bandeira benevolente da liberação, para desfrutarmos irresponsavelmente de nossos impulsos.

Noutro dia mesmo eu vi um vídeo de uma banda funk de garotinhas lá de Porto Alegre chamada de Putinhas Aborteiras... Trata-se daquele tipo de menina que deve ser o xodó do professor (atual), mas que, numa flagrante manifestação de mimese elegíaca (quando o sujeito imita um comportamento ou um pensamento para ser aprovado por alguém admirado), presta-se a um papel ridículo, numa performance musical paupérrima, abaixo do nível amador, desfrutando e demonstrando para toda a sociedade o que se aprende nas salas de aula, pois está mais do que patente serem as ditas moçoilas de uma crassa virgindade existencial borbulhante.

Ou seja, o discurso de vanguarda de cem anos atrás, do tipo "épater la bourgeoisie", ainda persiste na mente desses boçais travestidos de professores. É a terra do nunca exposta em seu mais vermicular furúnculo. Por isso é que digo: o politicamente correto é a política do ofendido. É a elevação do vulnerável a meta. Daí o fato de termos tanta delinquência juvenil, a gravidez na adolescência aumentando geometricamente e tantos jovens existencialmente virgens querendo impor suas visões de mundo de segunda mão com a presunção hipertrofiada dos papagaios teleguiados.

Com a erupção dessas leis e medidas protetoras de "minorias", a elevação do vulnerável como personagem e foco principal da vida pública e a vitimização elevada à condição de privilégio, vamos nos tornando uma sociedade onde o medíocre, o superficial e a vítima entronizada são o metro e a régua de nossa conduta. Ou seja, uma sociedade regida pela "menos-valia". Uma terraplanagem por baixo. E os fatos estão aí, escancarados, para nos alertar.

Não é de graça que somos um dos países mais violentos do mundo, com um dos piores ensinos do mundo, com uma das mentalidades mais estanques do mundo. E, "nacionalizando" nossa vida moral, damos um passo certeiro rumo à estação Kretinolândia.

Se continuarmos a nos permitir confundir liberdade com liberação, iremos diretamente para o fundo do poço.

Acabamos por esquecer que a liberdade exige disciplina e restrições, enquanto a liberação simples e rasteira nos submete a uma servidão aos nossos impulsos, nos tornando seres anímicos e simplórios.

A liberação é uma fábrica de fracos. Disciplina é liberdade, já dizia Renato Russo.

O poeta se utiliza da restrição e de seus limites (a rima e a métrica) como uma poderosa alavanca de sua expressão, e isso é a verdadeira liberdade. Não deveríamos nos esquecer disso.

OS VULNERÁVEIS

Eu havia acabado de ler o excepcional livro do Kenneth Minogue, *The Servile Mind*, e, sob seus eflúvios, escrevi esse texto. Então, engatei uma quinta, entusiasmado com o mote, liguei o equipamento, peguei minha TeleZaga, desandei a tocar um tema que compus quando ainda morava no Rio, algo bastante *zeppeliniano*, bem *hard rock*, que remetia aos anos 1970, e me pus a inserir uma letra nele.

A grande verdade, hei de confessar, é que minha primeira intenção era fazer um disco todo nessa onda. Porém, a sequência mortal de apagões (que perduram até hoje) na área em que moro, no Sumaré, acabaria por modificar a cara do projeto, impondo ao álbum um halo de luau de quintal às escuras...

Voltando à concepção da letra, afinal optei por algo bem simples, versos curtos e o compromisso pétreo de jamais adulterar a melodia.

"Os vulneráveis" é uma *rocksong* clássica: introdução, solo da introdução A/B, refrão, C/D, refrão, solo e capo da introdução. O solo de guitarra foi nitidamente inspirado em Jimmy Page, sempre na tentativa de "contar uma historinha", e, no vocal, busquei uma *vibe* totalmente setentista. No refrão, por exemplo, articulei uma inflexão *betobrúnica*, meio Cachorro Grande, a maior banda de rock brasileira.

A curiosidade nas gravações dessa música foi, sem sombra de dúvida, a coreografia a que tive de me submeter para apertar o play/rec de um lado do estúdio e sair correndo para o oposto, e então driblar alguns bancos e estantes de guitarra, resvalar, fazer a curva no pedal, me jogar na parede e contrair o glúteo para que me impulsionasse ao banco da bateria. Por ser a única canção do disco com uma introdução de bateria muito possante, perdi a conta dos micos que me impus na tentativa de chegar na hora, antes de a música começar. Depois da gravação, estava com o dedão do pé direito luxado e a mão esquerda toda roxa. Seria um vídeo de pastelão e tanto se tivesse filmado a sessão.

Admito que ainda estou em dúvida sobre se regravo essa faixa. Eu já a soltei nas redes, como single, e foi a primeira que gravei, de modo que a bateria saiu meio embolada. Seja como for, em sua estrutura musical, andamento, levada, viradas de bateria, linha de baixo e solo, permanecerá intacta. Tudo curto e grosso, sem muita frescura. Um tributo à minha formação musical, ao Led Zeppelin, ao mesmo tempo com a intenção de produzir uma canção com a qual pudesse me esbaldar no palco. Se não estivéssemos em um país que é o túmulo do *rock*, "Os vulneráveis" poderia facilmente ser um *hit song* nas rádios.

>Aqui se faz
>Aqui se paga
>Pode demorar, mas a verdade vem
>
>E nem pensar
>Em esmorecer
>Estamos todos prontos para a ação! Ação!
>
>O bobo sempre comemora
>As vitórias que perdeu
>E tudo mais o que não lhe pertence
>Pois não percebe o que é seu

OS VULNERÁVEIS

E agora estamos
Cara a cara
E quer trocar inoperância por compaixão? Não! Não!

E é fatal
Me intimidar
Pois meu possível nunca me abandonou

A incoerência de quem fala
Depende de quem vai ouvir
Por isso evito os rebanhos
E os donos do poder

Fiz questão de limpar essa letra de qualquer questão que pudesse tornar a música datável ou jornalística. Da mesma forma em "Assim sangra a mata" e na grande maioria do disco. Há duas exceções: "A marcha dos infames" e "A posse dos impostores". Tenho a maior pena de escrever letras factuais, associadas a um momento, principalmente quando para dois temas como esses, musicalmente tão ricos, porque significa condená-los a uma vida curta. Ocorre que não raro precisamos desapegar de nossas obras.

Uma vista interna de meu estúdio em plena operação.

O estúdio visto do jardim.

Minha bateria Mapex Saturn Series.

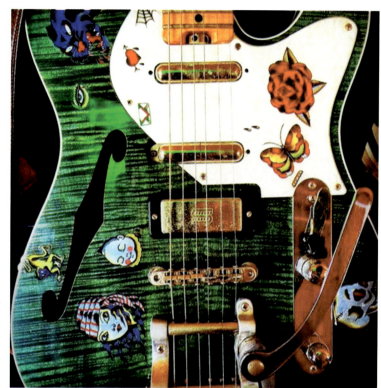

Minha Telecaster Zaganin com enfeites de uma tequila que Puig me deu no Natal de 2014.

Minha guitarra de doze cordas Zaganin.

Minha clássica Gretsch de doze cordas modelo Rancher.

Tocando a abertura do disco
O rigor e a misericórdia no Nord Lead 2.

Maria Bonita tirando onda com seus olhos esmeralda.

Lampião, olhos de céu, e seu semblante inquisidor.

Dalila com seus olhos de ouro.

O jardim de inverno em que compus boa parte das letras do disco.

Mais uma vista de meu refúgio do apagão.

Meu fabuloso violão Del Vecchio seresta.

O jardim visto desde o estúdio.

Meus bambus queridos, sentinelas na porta do estúdio, citados na letra de "O rigor e a misericórdia".

Visão do jardim desde a porta do estúdio. Este é meu "despenhadeiro" particular.

Eu e minha Regina com seus olhos de farol.

Um abraço do amor da minha vida.

Na sala de casa, em um dos *hangouts* bombásticos.

No camarim.

No final apoteótico de um show em Porto Alegre.

Eu e dona Ruth em Brasília. Esta senhora recebeu uma gravata de um guarda da segurança do Senado simplesmente porque protestava nas galerias.

Marcello Reis, eu e Vinícius Carvalho com o procurador da República Humberto Jacques de Medeiros, em Brasília.

No gabinete do deputado federal Antonio Imbassahy.

A rapaziada do Procure Saber em pleno lobby pela estatização do direito autoral.

Eu e João Puig, meu querido sobrinho, a única criatura que participou do disco para além de mim. Tocou um solo de guitarra espetacular em "A esperança é a praia de um outro mar", e é o autor das fotos que ilustram a capa e a contracapa deste livro.

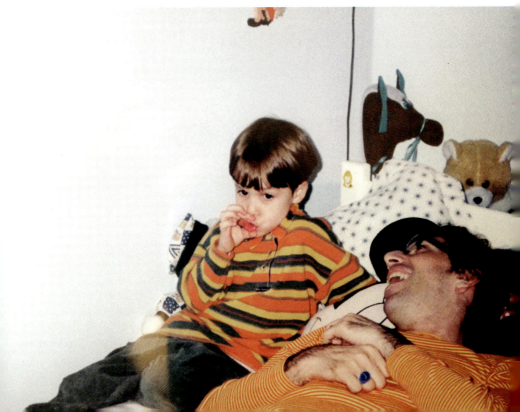

Com Regina no embarque de Puig para Londres.

Em uma das passeatas pelo Brasil.

Em Porto Alegre, no dia do panelaço contra
Dilma Rousseff.

11
Querem estatizar o direito autoral? Procure saber!

Este capítulo pretende expor aos leitores em geral como funciona o coronelato de artistas brasileiros estabelecido no final dos anos 1960 e que se perpetua de forma improvável, sob o rigor de uma estranha subserviência, geração após geração de artistas. Um culto sombrio que definiu uma hierarquia de dependentes de deliberações emanadas de uma cúpula cuja mobilização outra coisa não produz senão meios de sustentar sua hegemonia de classe. É poder que vigora nos meios de comunicação, no ambiente universitário e na dita opinião pública, e que causa severos danos à cultura e ao imaginário do Brasil.

Quero também aqui decifrar o porquê do silêncio sepulcral da classe artística, muda em sua esmagadora maioria, frente à desastrada, interferente e desonesta gestão do governo federal. Como entender esse calar cúmplice?

Precisamos investigar e conhecer melhor as promíscuas relações de artistas com partidos como PSOL e PCdoB e atentar para a influência de paus-mandados no Ministério da Cultura, como Pablo Capilé, do coletivo Fora do Eixo, a eminência parda de Juca Ferreira, por sua vez uma espécie de lugar-tenente de Gilberto Gil, que, por seu turno, quando ministro, permitiu uma farra de leis de incentivo para eventos de alcance cultural duvidoso, mas que fez a conflituosa alegria, por exemplo, de um famoso camarote privado no carnaval de Salvador. Tudo via Lei Rouanet, as tetas do MinC jorrando para as boquinhas de parentes, aliados e asseclas.

Procurem saber!

Abram o site do MinC e pesquisem os editais... É uma lambança com dinheiro público, e sem a menor vergonha. Os projetos são de uma desfaçatez assombrosa, uma chuva de comemorações por sei lá quantas décadas de carreira, ao que se soma a incidência obscena de tributos a artistas mortos, o carro-chefe das mamatas da rapaziada.

O nosso esdrúxulo Capilé, espécie de Mao Tsé-Tung pantaneiro, não satisfeito em ser figura altamente daninha à cena independente (do que já falei), expandiu domínios e agora, sob chancela de seu protetor Gilberto Gil, tem carta-branca para "representar" a classe artística no ministério, que transformou numa filial do programa Esquenta. Essa galera escolhe, entre os produzidos por Paula Lavigne, quem será o *hype* da vez, ou o exótico, o fantoche ideológico travestido do que puder ser *muderninho*.

QUEREM ESTATIZAR O DIREITO AUTORAL? PROCURE SABER!

Terá vez aquele que respeitar a exigência de um comportamento bovino, que não crie entraves aos interesses desse brega e paroquial coronelato dinástico da MPB. E então se multiplica esse tipo de "artista" fabricado pela *intelligentsia* esquerdista e que nos é enfiado goela abaixo como modelo de criatividade, independência e... rebeldia! Na base das cartas marcadas, essas figuras aparecem e desaparecem, excursionando ao exterior e representando a cultura nacional mundo afora antes mesmo de ter uma mínima obra. Não é por coincidência que as rotas e os contratos de shows internacionais de artistas brasileiros são monopólio da Máfia do Dendê, o que retroalimenta, de forma autofágica e artificial, o suspeito prestígio desse grupo de parasitas e sua improvável ubiquidade, tanto aqui dentro quanto lá fora.

Com a chegada do PT ao poder, houve uma dramática mudança no *showbiz* brasileiro, em todos os segmentos e aspectos. E para pior. Por incrível que pareça, para muito pior.

No campo dos shows, a proliferação dos Sescs na promoção cultural se mostraria uma faca de dois gumes. O chamariz de preços baixos, a R$ 10 reais, decretou a sentença de morte de uma quantidade expressiva de casas de espetáculos de médio porte, minando a livre iniciativa e aumentando a dependência do estado, e reduziu bastante o cachê dos artistas. E isso sem falar nas rígidas regras de conduta do Sesc, cujo controle sobre decibéis, por exemplo, esvazia o sentido de uma apresentação de rock à vera. Não é piada: sempre que vou tocar num Sesc há um sujeito com um decibelímetro na mão a alertar que o máximo permitido são 90 decibéis... O tratamento é uniforme, engessado e burocrático, e transforma a experiência artístico-sensorial de um espetáculo em algo opressivo, padronizado, desprovido de nuances e charme.

A situação de dependência e promiscuidade do artista brasileiro na conjuntura atual merece um breve tratamento didático, em tópicos:

1) Só é possível produzir um show ou um trabalho fonográfico mediante lei de incentivo, pois, com o advento da Lei Rouanet e a profusão de "receitas" ao beneficiado, ficou praticamente impossível empreender um espetáculo de outra forma. É o fim da independência, da livre iniciativa. As cauções dos teatros e das casas de show em geral, por exemplo, subiram vertiginosamente em virtude da abundância de artistas bancados pelo polpudo dinheiro público. Um círculo vicioso e letal, e uma espécie de ralo empresarial pelo qual todo artista é sugado caso queira continuar existindo. Cada vez menos há como resistir ao humilhante (para alguns) e rentável (para todos) processo assistencialista do Estado.

2) Com o *showbiz* dominado pela presença dúbia dos Sescs em todo o Brasil e com a cena independente controlada pelo Fora do Eixo, resta ao artista independente as feiras agropecuárias, mas, nesse caso, é imperativo estar tocando nas rádios. O que, definitivamente, não é o meu caso.

Como se não bastasse essa rede sufocante de dependência estatal e de silêncio automático, ainda enfrentamos outro

QUEREM ESTATIZAR O DIREITO AUTORAL? PROCURE SABER!

golpe, efetivamente já dado, embora com uma pálida chance de reversão: a bárbara estatização do direito autoral, conforme a PLS 129/12.

E quem haveria de estar por trás desse movimento? Ora! A onipresente Máfia dos Dendê, por meio de seu braço político-lobístico Procure Saber.

No final de 2012, voltando de um show, encontrei alguns colegas no avião, entre eles Danilo Caymmi e Roberto Corrêa e Mello, advogado e presidente da Abramus (Associação Brasileira de Música e Artes), uma das muitas entidades que integram a Assembleia Geral, com direito a voto decisório sobre a administração do Ecad. Então, em caloroso bate-papo, me informaram do rebuliço intenso na classe em decorrência de uma investida do Procure Saber, presidido pela empresária Paula Lavigne, ex-atriz e ex-esposa de Caetano Veloso.

Tratava-se de uma trama complicada, esquisita e, como não poderia deixar de ser, muito suspeita, que resultara num projeto de lei que pretendia alterar a Lei do Direito Autoral de 1998 e que, uma vez bem-sucedido, transferiria o controle da arrecadação do direito autoral para o Ministério da Cultura.

Estatização do direito autoral!?

Minha primeira impressão foi, por incrível que pareça, de ingênua surpresa. Eu era cordial adversário da turma, mas, ainda assim, acreditava que eles nunca seriam descorteses a ponto de um impulso antidemocrático que me excluísse de uma discussão, melhor seria dizer decisão, daquela complexidade e magnitude. Afinal, quando do episódio da lei de numeração dos CDs, que capitaneei com Beth Carvalho, tive a decência de avisar e convocar toda a classe artística, independentemente de quaisquer rusgas pessoais, e telefonei eu mesmo para Caetano Veloso, Gilberto Gil, Flora Gil, Paula Lavigne e Chico Buarque. (Marisa Monte foi a única artista que teve a honestidade de me telefonar para se informar sobre as minúcias da lei.)

De modo que o tal grupinho autoritário já começara queimando a largada ao alijar um adversário dos informes relativos ao famigerado PLS 129/12. E eu não estava sozinho. Ao contrário. Igualmente excluídos e desinformados, encontravam-se mais de 100 mil artistas filiados às mais diversas associações, principalmente aqueles de menor visibilidade, os que mais dependem da arrecadação dos direitos autorais para viver, os que atuam em bares, boates, bailes, casamentos etc.

Como um corno amoroso que sempre é o último a saber, compreendi que o Procure Saber não fazia a menor questão de reverter a ignorância da classe acerca do babado. Não. Aquele era o método escolhido, engendrado e orquestrado pela cabeça translúcida e miraculosa do bando diminuto. Eles eram famosos e poderosos, tinham, assim se avaliavam sem muita cerimônia, maior representatividade e legitimidade para decidir, e (o recado era claro) que se fodesse o resto.

Um dos mais vergonhosos episódios da história dos artistas da música no Brasil ocorreu quando da asquerosa negociação que resultou na simultânea adesão (valiosa!) do rei Roberto Carlos ao lobby da PLS 129/12 e do Procure Saber à causa da censura prévia a biografias não autorizadas. E de repente, entre outros, víamos figurões que também escrevem

QUEREM ESTATIZAR O DIREITO AUTORAL? PROCURE SABER!

ou escreveram livros, como Caetano Veloso e Chico Buarque, barbarizando na defesa de um entulho autoritário contra a liberdade de expressão.

Acabariam por se desgastar, como nunca antes, com a imprensa e a sociedade, e depois com o próprio Roberto Carlos, que se afastaria do grupo, embora já tarde para reverter o peso de sua majestática e prestigiosa entrada, saguão principal do Congresso Nacional adentro, a favor da aprovação, a suspeitíssimo toque de caixa, do projeto de lei no Senado. Mais um lamentável episódio de nítidas nuances *coroneláticas* chancelado pelos dendê boys & asseclas.

E quem seriam os asseclas no Parlamento? Ora, uma lista de patriotas inconfundíveis... O senador petista Humberto Costa, relator do golpe, a deputada federal comunista Jandira Feghali, então presidente da Comissão de Cultura da Câmara e sempre comprometida com achaques ao direito individual, e o senador psolista Randolfe Rodrigues, autor (será?) do requerimento da CPI dos Direitos Autorais no Senado.

Nunca devemos nos esquecer de que o Ministério da Cultura é feudo do PCdoB, a parte que cabe a esse partido irrelevante, senhor de engenho também do outrora movimento estudantil nacional, no grande latifúndio de nossa República. O PCdoB e seus sócios têm por agenda o propósito — para o qual a música e o futebol são decisivos — de estatizar a vida brasileira.

É triste, mas, bem, é o que se espera de um partido de esquerda, tanto mais bem-sucedido quanto mais controlar a sociedade. O que, no entanto, dizer da improvável aliança entre PT, PCdoB, PSOL, parte (a de sempre) da classe artística e... a Rede Globo/Net/Sky? O que há?

Como os conheço bem, posso compreender por que esses artistas tão historicamente privilegiados pelos direitos autorais quanto silentes a respeito do Ecad de súbito ergueram um brado varonil na santa cruzada por entregar de bandeja vantagens improváveis a emissoras de TV e rádio. Afinal, Caetano Veloso, Gilberto Gil, Chico Buarque e Roberto Carlos sempre estiveram entre os dez maiores arrecadadores do país e são os autores mais executados nas... novelas da Globo. É, portanto, uma posição segura, uma guinada ainda mais concentradora, fácil de entender.

Mas, como encaixar a postura da Globo? Quais seriam seus reais interesses na criação de um novo órgão, subordinado ao MinC, controlador dos direitos autorais? Por que apoiar uma lei que designa praticamente todos os poderes de gestão autoral ao Ministério da Cultura e que tem em seu bojo inclusive o poder de retirar concessões de rádios e televisões?

Será que os dirigentes globais não leram com atenção o texto do projeto de lei a que aderiram? São muitas questões e nenhuma resposta.

Que perspectiva perigosa essa de um órgão de controle (e punição!) filiado ao MinC de um governo corrupto do naipe do petista, especializado em falsificar documentos e assassinar reputações. Como aceitar que o Ministério da Cultura detenha, como previsto, todas informações sobre o autor e instrumentos para devassar a vida de um filiado? Na reunião que eu, Roberto Mello, Walter Franco e Michael

QUEREM ESTATIZAR O DIREITO AUTORAL? PROCURE SABER!

Sullivan tivemos, no final de 2013, no STF, com o ministro Luís Fux, perguntei-lhe especificamente sobre esse artigo: se não seria tal dispositivo uma poderosa arma de perseguição e retaliação? Ele prontamente respondeu que, sim, facilmente se poderia manipular o texto legal para ações revanchistas de amplo espectro: desde o já em curso (com grande expertise) assassinato de reputações até o boicote na arrecadação. Uma beleza!

E ainda não chegamos à cereja do bolo... A criação de um novo órgão, uma nova secretaria ministerial, representaria algo como duzentos novos cargos nomeados e dirigidos por essa rapaziada. Sem falar em novas instalações, um novo prédio (?), baias, computadores, mesas etc. Quem pagará a fatura? A conta deve ser de fato muito vantajosa para esses medalhões da cultura nacional, a ponto mesmo de aceitarem ver descontados nacos de seus direitos para bancar a estrutura necessária a que o governo nos monitore.

Fico aqui especulando sobre como terá sido o raciocínio da "tchurma do dendê": temos problemas sérios com arrecadação, falta de transparência, suspeita de uso indevido de receita... Huummm... Quem poderia enfrentar e resolver essas falhas? Ah, sim. Claro! O governo do PT. Aquele que faliu a Petrobras, que ocupa (e mama em) todos os setores da vida pública e privada, que aplica bilhões do BNDES para financiar projetos de poder, que manipula fundos de pensão e que conseguiu desmoralizar os Correios.

Seja como for, a coisa é inconstitucional. Os incisos XXVII e XXVIII do art. 5º da Constituição Federal asseguram aos autores e titulares direitos de natureza eminentemente privada sobre as suas obras e sobre o aproveitamento econômico delas. Ponto final. Esses direitos integram o patrimônio dos autores, e cabe apenas aos próprios disporem deles. Os direitos autorais de natureza patrimonial circunscrevem-se, portanto, à esfera do interesse privado de seus titulares. Não há interesse público envolvido. *Touché.*

Acabaríamos por chamar a atenção da mídia, graças especialmente à audiência no STJ, ocorrida em 17 de março de 2014, eu de um lado e Lavigne de outro, descontrolada, gritando apaixonadamente para mim: "Fachista! Fachista!" Memorável.

Num pequeno interlúdio, num diminuto desvio, quero lembrar que nossa Paulinha, doce figura, meiga e de extrema versatilidade, lá pelos idos de 2002 dedicadíssima à campanha presidencial de José Serra, candidato do PSDB, em 2012 pintou como uma psolista de quatro costados, desde criancinha, mas sem negligenciar as boas, ótimas, íntimas, relações com o povo petista da cultura. A seguir assim e tal longevidade no poder a coroará como a José Sarney das artes.

Mas prossigamos... Os bons ventos havidos nessa audiência no Superior Tribunal de Justiça nos permitem aguardar com otimismo a impugnação do golpe mafioso. A ver. Eu acredito.

12
A esperança é a praia de um outro mar

Já deve estar claro a esta altura, depois de haver descrito o processo de criação de minhas músicas para o novo disco, que não há caso de inspiração fulminante, canção composta sob algum forte impacto emocional ou coisa parecida. Trata-se (para meu espanto) de trabalho feito com método, disciplina, esforço mental, rigor de proporções, associações de ideias e forte e contínuo diálogo com minhas leituras e com o que tenho ouvido por todos esses anos.

A emoção, quando aflora nesse tipo de processo, vem justamente após o momento em que as obras ganham vida própria, ao constatar que merecem existir por sua beleza recém-inaugurada, que já não há mais como "evaporá-las", ao verificar que "a coisa deu certo", momento em que a existência de algo elaborado por você não é mais você, e sim outra coisa, cuja independência é chancelada pelas proporções equilibradas, pelas vozes dos instrumentos, pelo modo como se complementam em harmonia, sem conflito, e pela letra, que cumpre seu papel poético, rítmico e melódico. Um percurso de concepção, enfim, sobretudo intelectual.

Ao término de cada composição, a comoção brota (e como!) da ciência de que, para haver concluído semelhante empreitada, ao parir algo que, não mais sendo você, ao mesmo tempo o representa intimamente em tudo, não se poderia estar demente. Ou seja, a emoção decorre daquilo que a criação informa, e não o contrário. Compor dessa maneira é como fazer um eletroencefalograma da alma.

Haveria uma exceção, porém. (Uma só, porque a canção feita para meu pai foi elaborada sob o estado de relativa tranquilidade.) Criei "A esperança é a praia de um outro mar" tocado por poderoso efeito emocional.

Havíamos nos mudado para a casa nova, no Sumaré, quando Mônica, irmã mais velha de Regina, uma amigona, a pessoa que, com sua autoridade de primogênita, me abrira as portas da família e nos acolhera com carinho em São Paulo, foi diagnosticada com câncer.

A mudança, como se fosse possível, nos aproximara ainda mais, e fisicamente, porque então podíamos ir a pé um à casa do outro. Puig (João Puig, filho de Mônica, meu sobrinho e meu melhor amigo) fazia muito isso. Vinha e ficava para o final de semana, cozinhando pães (um cozinheiro de mão cheia), preparando uns churrascos, filosofando sobre os mais variados assuntos, comentando animadamente filmes esquisitos e livros dos mais variados autores, assistindo a *Doctor Who* ou fazendo umas *jam sessions* comigo no estúdio.

Mesmo quando ainda morávamos no Rio, sempre houve um forte laço de afeto, amizade e camaradagem entre todos nós. Quantas vezes o Edu (marido de Mônica) nos tirou de sérios perrengues econômicos ao nos emprestar grana com prazos a perder de vista? Isadora, a Dodó, filha mais velha deles, agora transformada numa linda mulher de 25 anos, minha querida sobrinha, sempre tão próxima, trabalha com cinema e é profissional extremamente competente e dedicada, sendo esses dois irmãos, João e ela, como nossos filhos também, nossos pequeninos já não tão pequeninos assim. A nossa família, cacete.

E então a porrada.

Como ocorre com toda doença dessa natureza, ninguém sabia a extensão, gravidade da coisa. E logo vieram as sessões de quimioterapia, o mal-estar profundo, a prostração, a queda de cabelo, os exames truncados, enigmáticos, os questionamentos angustiantes, mas Moniquinha (sempre a chamei assim), brava e valente, rapidamente amarrou um lenço colorido na cabeça e se pôs a tocar a vida, enfrentando a dor e a incerteza com coragem e serenidade.

O final do ano de 2013, decidido mesmo antes de o câncer ser descoberto, seria em família, em nossa casa nova. Embora a nuvem de chumbo pairasse sobre a cabeça de todos, tínhamos ali o compromisso afetivo de amparar uns aos outros e de levantar os ânimos gerais. É nessas horas que se percebe a integridade e a intensidade dos laços humanos e a beleza disso. Nesse clima, com essa leveza, Regina e Nena (a irmã mais nova) raspariam as cabeças para aderir à "carequice" da Mônica. Tivemos um réveillon lindo, amoroso, festivo, com muita cantoria (montei uma seleção de músicas dos anos 1960/70, com Wanderléa, Roberto e Erasmo, Otis Redding, Tim Maia, The Supremes, Burt Bacharach, Wilson Pickett, Tom Jones, George Harrison etc.), todo mundo dançando a noite toda. Byrinha, o grande Byra Dorneles, também compareceu, com Michelle e seu novo e impoluto filho, João Miguel, o JM, que ficaria embevecido e hipnotizado pelos gatos.

Casa cheia, todos os sobrinhos presentes, Bruno, Luiza, Pedro, João Lucas, Ana Laura, Dodó e Puig, todos os maridos, Edu, Gordo (também Eduardo, marido de Elisa), Janjo (de Claudia) e Roger (de Nena), e as irmãs, claro, tudo sob as bênçãos de dona Romilda, a matriarca. É estranho refletir agora sobre aquele tipo de euforia. Pois havia a angústia. A saúde de Mônica se deteriorava a cada semana, a cada mês, e festa nenhuma mudaria aquele ritmo.

Em julho de 2014 ela baixaria no hospital. Iniciava-se um drama diário, tristeza da qual, no entanto, emergiria a liderança de Isadora, que tomou a frente na situação e revelou a bravura e a coragem de uma grande mulher. Aquela menina virou uma espécie de anjo da guarda da mãe, noites e noites ao lado de Mônica, porque Edu precisava trabalhar e Puig se preparava para o vestibular. Tudo muito duro...

Numa daquelas noites sombrias, após uma visita ao hospital, com a energia drenada por aquela dor, com minha Regina exausta, tive vontade incontida de subir ao estúdio e me socorrer tocando algo no violão. Queria uma aura de leveza, de modo que escolhi um instrumento muito delicado, uma craviola de doze cordas, da qual retirara as seis cordas das oitavas mais graves, mantendo as seis mais finas, no que se chama de afinação celta, para obter som próximo ao da harpa.

Quando me pus a dedilhar a craviola, surgiu de imediato, através do indefectível sol maior, um tema *folk*, e uma sequência de acordes foi então aparecendo, em cadência lenta, até que percebi: eu iria fazer, já estava fazendo, uma canção para Mônica.

Convido aqueles leitores que arranham um violãozinho, aqueles que gostam de comprar caderninhos de cifras para violão nas bancas de jornal, a me acompanhar no desenvolvimento de meu raciocínio musical. Comecei com uma introdução clássica, em sol maior, que alternaria com dó maior, por quatro vezes, para ficar bem redondinho. Simples. Lembrem-se de que, a cada conclusão das sequências, cairemos sempre nessa introdução. E assim ingressamos na primeira parte: sol maior, lá maior com sétima, dó maior, mi menor, e, em seguida, ré maior, dó maior, si menor, fá maior... Peraí! Si menor com fá maior? Sim. Foi essa a combinação que me pegou. Eu repeti esses dois últimos: si menor, fá maior... Hummm! Bacana. Mas precisaria arrematar a tensão herdada, né? Para tanto, insistiria no si menor mais uma vezinha e passaria ao dó maior, depois ré maior, chegando de novo ao dono da sequência: o sol maior. E desembarcamos na introdução por dois compassos.

Paralelamente, me ocorriam inúmeras imagens, cada vez mais claras, que se transformavam numa linha de versos perfeitamente costurada à sequência musical, como que nascidas uma para a outra: "A gente às vezes pensa até que vai compreender / E distinguir a alma da escuridão / Quem pode arriscar? / Pensando só, não dá pra decifrar."

Estava febril de emoção. Havia ali, como ainda hoje, me rondando, me instigando noite escura de insônia adentro, a questão: onde habitará a alma? E como fazê-la brotar das trevas se o que prevalece é a incapacidade de percebê-la? Se, por meios apenas racionais, isso é tarefa impossível.

Quando me surgem versos tão concatenados e prontos assim, o que mais acontece é aparecer uma nova linha de versos sobre a mesma sequência musical: "Nem mágoas, nem desejos podem definir a dor / E se pensar é descrer, perceber está além de acreditar / Que a esperança é a praia de um outro mar."

Os ressentimentos, as frustrações, os nossos anseios mais profundos, nada disso é capaz de definir um sentido real de perda ou de dor. Pensar, racionalizar, esse processo é, de alguma forma, eliminatório. Forçosamente, precisamos de outro dispositivo, de outro lugar em nosso ser para desfrutar de novas possibilidades, apartadas de nós por nossas próprias limitações. A última frase dessa estrofe é a síntese de todos os nossos sentimentos ambíguos e tímidos ante os presságios nebulosos da impossibilidade. Em última estância, a esperança só seria viável em outra esfera, não na nossa; mas, ainda assim, esperança!

Nesse momento, me veio outra sequência de acordes: lancei um fá sustenido maior, sucedido de ré maior e lá maior, que repousaria em mi maior e saltaria para si menor, dó maior, si menor, fá maior. Sentia cada vez mais que o charme daquela composição estava na gravitação em torno da combinação si menor/fá maior. Combinação que repetiria por três vezes até concluir a sequência com si menor, dó maior, ré maior, nosso tão aguardado sol maior fomentando a sensação reconfortante de um ciclo que se fecha. Como numa praia, desembarcávamos de um outro mar ao retornar à introdução. O eterno retorno a um outro lugar. A introdução estava lá, está lá, mas já não era, não é, mais introdução.

E, como se já existissem de outras eras, os versos começavam a brotar de minha garganta: "Quando o acaso toca os sinos da imperfeição / Um segredo, um milagre / Estão prontos pra existir, pra se repetir / Pois a diferença é a repetição." Absorto no centro de um *insight* como se habitasse a calmaria no olho de um furacão, refletia sobre quando nos surge, de repente, em nossa aparentemente inviolável zona de conforto, uma doença, uma situação imprevista e fatal, que nos força a confrontar nossa fragilidade; pensava sobre como somos dragados a ansiar por algo ou alguém que possa interceder por nós, um milagre, um improvável lapso procrastinador da morte, uma entidade superior, essas coisas que ouvimos e lemos no transcorrer da vida e que, de súbito, nos pegamos a desejar, ávidos, a rogar para que coisa semelhante ocorra sobre nossa existência e nos livre de nossa vulnerabilidade, de todo nosso mal. Na decantação dessa ânsia por não perecer, dessa ardente vontade de que nossos amados nunca pereçam, então nos vislumbra, solitária e radiante, a prece.

A prece ao infinito, a Deus, aos santos, às nuvens no céu, ao destino, ao fado.

E o que é uma prece senão nosso desejo vocalizado de irmandade à morte, para que ela, uma vez seduzida por nossa súplica, resgate a vida eterna na compreensão e na aceitação de nossa atual finitude? Prece é repetição. É mote contínuo, como tijolinhos arrumados um a um numa construção infinita, no intuito de que, naquele diligente ritual, ergamos, com o triunfo de nosso amor, da humildade, da boa vontade, da perseverança e da misericórdia, nossa escadinha para o Céu. É a repetição que faz a diferença.

Entretanto, ainda faltava mais uma sequência. É engraçado, mas eu sinto quando a canção pede para se estender, para ir ainda além, e era isso que acontecia naquela noite, naquele estúdio, naquele estado intermediário entre a exaustão e a instigante conexão comigo mesmo, a craviola no colo, o meu silêncio cantando para mim, repleto da música de minha solitude.

Algo me impeliu a pensar no Clube da Esquina, no "Trem Azul", no Lô Borges, no Toninho Horta. Nessa *vibe* mineira, decidi dar uma "entortada" na narrativa musical, como se procurasse um hiato à divagação, ao devaneio, e eis que me ocorreu a terceira sequência da canção: lá e sol com sétima maior se alternariam por três compassos afora (os acordes de sétima maior sugerem renovação de ar, de abertura, de distensão) e, para concluir, desceria duas casas nos trastes da craviola e montaria um fá com sétima maior, acompanhado de si bemol com sétima maior, repetindo o par por duas vezes para retornar ao acesso do tema principal, a nossa já manjada sequência de regresso, o famoso *bridge*, si menor, dó maior, ré maior, entrando então na reta final, pronto para alcançar a linha de chegada, com sol maior, enfim aportado na praia de um mar meu. Desembarcamos mais uma vez na introdução, uma pausa para meditação, para recuperarmos o fôlego, já nos preparando para a retumbante ascensão de um solo de guitarra.

Espero que minha narrativa esteja à altura e que, portanto, vocês consigam acompanhar a trajetória musical dessa minha alegria *encefalográfica*, cada sequência encaixada na anterior sendo como a união das duas metades do anel do Shazan.

Com a mesma espontaneidade da estrofe anterior, os versos surgiam e se acoplavam na harmonia *trem-azúlica*: "O deserto e o amor / Sonhos vão e vêm / E o mistério aumenta quando tento desvendar / Uma súplica no ar / A esperança é a praia de um outro mar." Aquela letra acompanhava a sensação de devaneio, de divagação, e potencializava o clima de resgate, de um pedido suplicante, perdido, até que o vento nos conduzisse à conclusão da conversa: "A esperança (si menor) é a praia (dó maior) de um outro (ré maior) mar (sol maior)."

Pronto. Tinha ali, pois, uma linda e emocionante canção, novinha em folha. Já era, porém, alta madrugada, hora de descansar, porque a gravaria no dia seguinte. Tudo já estava na cabeça, aliás. Sabia exatamente o que queria daquele arranjo e que, antes de qualquer coisa, deveria ser o mais simples possível.

Acordei cedinho, tracei um açaí com granola, um copão de café, dei um beijo na minha Rê, que ainda dormia, fiz um afago na gataiada, com direito a comidinha para todos, e parti célere e animadíssimo para o estúdio.

Gravei dois canais com a craviola: um com saída do lado direito, outro, do esquerdo, meio que as dobrando em uníssono, e apenas com algumas sutis variações rítmicas, somente para ter certa tridimensionalidade sensorial na audição. Viria dos falantes uma balada *folk*, clássica (acho que ainda acrescerei uma gaita e um slide quando terminar de escrever este capítulo), com aquele som característico e delicado das craviolas em afinação celta. Optei, entretanto, por elaborar uma linha de bateria bem pesada, cadenciada, marcada. Em outras palavras, baixei o cacete.

Poucas tentativas e já tinha a bateria gravada. Sem muitas delongas, dei uma timbrada bacana com o baixo, uma textura mais grave e rotunda, com um fraseado alternado: mais marcado na primeira parte, mais flutuante, profícuo e fluido na passagem *trem-azúlica*. Pensava na atmosfera transcendente da canção e, para lhe conceder a devida solenidade, escolhi um *plug-in* de órgão Hammond B4, com seus *drawbars* regulados para aquele som característico de gospel americano.

Em seguida, montei o microfone Neumann. Colocaria a voz em quatro ou cinco tentativas. Meu único esforço consistira em não me emocionar muito, para evitar um tom embargado, que se impusera nos dois primeiros *takes*. O resultado me soou bastante convincente. Faltava, no entanto, a cereja do bolo: o solo de guitarra. Sim! Eu reservara um espaço bem grande para o solo, como uma estrada de terra a ser pavimentada. Em suma: criara para mim o desafio de elaborar uma linha de guitarra bem grande e que não poderia ter *encheção* de linguiça. Foi então que tive a ideia. A ideia! Chamar o Puig para solar. Seria a única participação de alguém que não eu em todo o disco. E, para tanto, nada mais preciso do que chamar aquele que se tornara meu melhor amigo, um excelente guitarrista, companheiro de todas as horas, e ainda filho de Mônica! Gravei uma cópia de monitor apressada e lhe entreguei, para que a ouvisse e compusesse o solo com calma.

Puig é daqueles caras fora da curva. Leitor voraz, muito cedo se apaixonou por cinema, literatura, música, ciência, história, física quântica, cosmologia e culinária. Era garoto e já sabia montar pedais de efeitos de guitarra, e se interessaria por aceleradores de partículas. Ultimamente, anda mergulhado na fotografia. Acabou sendo de sua autoria as fotos da capa deste livro. Ele deveria ter uns 6 anos quando começou a tocar guitarra e violão. Logo que pude, arranjei-lhe um amplificador, uns cabos e um pedal. Mônica lhe deu a primeira guitarrinha aos 9 anos e o menino entrou de cabeça no estudo do instrumento. Quando me mudei para São Paulo (ele tinha uns 12 anos), fomos direto à Teodoro Sampaio escolher o presente de aniversário que a mãe lhe daria: uma guitarra profissional, uma linda Epiphone SG Cherryburst de três captadores e uma alavanca de tremolo Bigsby.

Como se trata de uma criatura extremamente disciplinada, portador de uma santa obsessão e de um entusiasmo infinito, Puig me pedira uma semana para elaborar seu solo. Enquanto isso, o quadro de saúde de Mônica piorava a olhos vistos. Ela seria submetida a uma cruel cirurgia, que lhe retiraria quantidade assustadora de órgãos. Moniquinha estava morrendo. E foi numa daquelas noites de tristeza sem fim que telefonei para Puig e lhe pedi que aparecesse no estúdio para gravar o quanto antes. Ele argumentou que ainda não estava pronto (como disse, era de fato um solo longuíssimo), mas insisti para que deixasse os detalhes de lado e viesse acelerado. Assim foi. Chegou esbaforido, suado, mas, sem transição, iniciamos o processo de gravação.

Ele decidiu que solaria com minha Zaganin marrom de dois *humbuckers*, e então escolhemos no Fractal o set de amplificadores, gabinetes e efeitos. Coloquei a música para tocar já com Puig executando junto. Estava perfeito. E eu sentia um tremendo orgulho em ver aquele guri de pé, concentradíssimo, olhando fixo para a tela do computador, à espera do play/rec para detonar seu solo.

Como passara dias treinando sem parar, tinha os dedos da mão esquerda todos esfolados, os quais, já na terceira passada, começariam a sangrar. Ele não parou. Colocou uma fita crepe enrolada nas pontas e foi em frente. Eu não acreditava que pudesse prosseguir, mas prosseguiu e, naquela atmosfera nada menos que heroica, gravou seu solo, que concebeu e tocou soberbamente. Ao fim, a emoção era intensa e nos abraçamos efusivamente. Como é bom poder extrair alguma alegria de situações trágicas.

Gravamos uma cópia de monitor, ele a transferiu ao telefone e então partimos, eu, Puig e Regina, para o hospital, onde a família já fazia serão por mais de uma semana. Naqueles últimos dias, as irmãs, Dona Romilda, os sobrinhos, todos haviam largado tudo para ficar com Mônica. Elisa, diretora de colégio em Cachoeira do Sul, passara noites a fio cuidando de Moniquinha, junto com João Lucas, seu filho caçula, Claudia, que mora em Joinville, e Nena, que vive em Belo Horizonte, todas revezando com Regina nas madrugadas de agonia. Pedro, meu outro querido sobrinho, filho mais velho de Elisa, estudante de medicina, seria nosso interlocutor com os médicos, e era através dele que nos informávamos sobre a real situação.

Puig permaneceria seriíssimo e calado no trajeto de ida ao hospital. Ao chegar, soubemos que Mônica entrara em coma. Era irreversível. Sem demonstrar abalo, ele me convidou a visitar o quarto da mãe. Queria colocar os fones nela e lhe mostrar a canção. Um último tributo. E lá fomos nós dois andando por aqueles corredores intermináveis, procurando pelo quarto da UTI, com o Puig de fone e o Iphone nas mãos. Deparamo-nos com uma mulher de semblante exaurido, sofrida, emagrecida, descolorada... Como ela lutou! Como conseguiu enfrentar com coragem e humor seus últimos dias. Uma valente! Seus olhos, no entanto, apontavam inertes para o teto, tubos por todo o corpo, aquela luz fria de hospital a tingir de amarelo-pálido o ambiente. Sem se intimidar com aquele cenário perdido, Puig lhe pôs os fones, beijou-lhe a testa e acionou o play. Nós dois permaneceríamos ali, parados, por uma eternidade, ele segurando a mão da mãe, ouvindo aquele chiadinho da canção que vazava, em absoluto silêncio.

Nessas horas não sabemos exatamente o que sentimos, mas, num lampejo de ingênua esperança, cheguei a pensar que aquele amor, despejado sobre Mônica em forma de canção, pudesse operar algum tipo de milagre, que ela de repente, sei lá, abrisse os olhos, sorrisse para nós, beijasse o filho e nos dissesse: "Acabou o sofrimento, turma! Vamos para casa que aqui já deu."

Moniquinha morreria na noite seguinte, na madrugada de 29 para 30 de agosto de 2014. Tenho certeza, porém, de que nos reencontraremos. Essa música, "A esperança é a praia de um outro mar", claro, fica em honra à memória dela, tão amada.

A gente às vezes pensa até que vai compreender
E distinguir a alma da escuridão
Quem pode arriscar?
Pensando só, não dá pra decifrar.

Nem mágoas, nem desejos podem definir a dor
E, se pensar é descrer, perceber está além,
De acreditar
Que a esperança é a praia de um outro mar.

Quando o acaso toca os sinos da imperfeição
Um segredo, um milagre
Estão prontos pra existir, pra se repetir
Pois a diferença é a repetição.

O deserto e o amor
Sonhos vão e vêm
E o mistério aumenta quando
Tento desvendar
Uma súplica no ar
A esperança é a praia de um outro mar.

13
Leve-me a seu líder

Vivíamos a ressaca intensa daquela eleição patética, realizada a portas fechadas, sem o mínimo de transparência, o que, por esse simples fato, já a tornava absolutamente invalidável. Sem falar da presença de uma empresa venezuelana (!), a Smartmatic, como responsável pela apuração brasileira, ao fim da qual se reproduziu aqui, curiosa ou estranhamente, os mesmíssimos percentuais de diferença entre candidatos verificados em eleições recentes em vários países latino-americanos: 51% × 49%.

A fraude era muito evidente para mim, assim como a certeza de que o governo reeleito não teria o menor desconforto em continuar se desdobrando para camuflar a impostura e garantir ao menos mais quatro anos de falcatruas.

Já adentrávamos dezembro de 2014 quando outro evento triste se consumou no Senado: a votação da Lei de Diretrizes Orçamentárias, a LDO, outra estapafúrdia chicana que transformou o estouro do orçamento em atividade corriqueira, escamoteando mais uma vez a incapacidade e o descontrole do governo, o que, estivéssemos em um país sério, fatalmente levaria ao afastamento de Dilma Rousseff da Presidência da República.

A votação no Senado, aliás, mobilizara e levara uma série de grupos e pessoas até Brasília, para fazer pressão sobre os parlamentares e contra o governo. Apesar de meu já costumeiro ceticismo ante aquele jogo de cartas marcadas, havia uma grande torcida que, pode-se dizer hoje, era a legítima torcida da sociedade brasileira, inconformada com tantos desmandos. Lembro que, na noite da fatídica votação, estávamos eu, Regina e Puig em um shopping de São Paulo quando, através do celular, vi a foto de uma senhora de 79 anos, Ruth Gomes de Sá, recebendo uma gravata de um segurança do parlamento federal, dentro do Senado. A imagem imediatamente causaria comoção nas redes sociais. Essa senhora estava entre os que ocupavam as galerias do Congresso e que de lá vaiavam as manobras da base governista para aprovar a tal LDO. Dona Ruth seria ainda submetida a uma espécie de democratização do silenciamento de opositores, agredida, com ampla distribuição de tapas e safanões, pela claque arregimentada pela política do pão com mortadela governista.

Não havia alternativa. Não para mim. Eu precisava ir a Brasília. E foi o que fiz. Viajei para a capital já na manhã seguinte, imediatamente para o parlamento, onde pleitearia uma audiência urgente com o presidente do Congresso, Renan Calheiros. Mas não sem antes alardear meu propósito internet afora. Em seguida, telefonei para meu querido amigo Manuel Martinez, que mora em Brasília e é jornalista, a quem anunciei minha ida e pedi auxílio logístico à empreitada. Ele, do alto de sua sabedoria, perguntou se eu estava seguro de me meter naquele imbróglio, e respondi que sim: que, como brasileiro, como cidadão, não poderia ficar parado depois de ver o que vi. Era uma senhora a agredida, e da forma mais absurda possível: "Manuel, estamos numa democracia ou não? As pessoas têm o direito de se manifestar. Têm o direito de entrar no Congresso e reclamar com seus representantes. Aquela senhora não poderia ser agredida daquele jeito. Tenho que fazer alguma coisa. É meu país, Manuel. Quero diálogo. Não vou em busca de briga, e não revidarei se me agredirem. Não pretendo me rebaixar, como, aliás, nunca fiz. Quero o diálogo e o direito de exercer a democracia, a cidadania, e quero garantir o mesmo para os demais, seja quem for, mesmo que não concorde com o que defendo."

Às 10h35 eu estava dentro do carro de Manuel, em Brasília, rumo ao Congresso Nacional. Fiz questão de me vestir da maneira mais comum possível: jeans e camiseta, mochila nas costas. Apontamos então no acesso no norte do Senado, em frente ao Palácio do Planalto. Entramos na fila, como cabe a todo cidadão, e Manuel então me chamou a atenção para os gritos de uma mulher em minha direção: "Babaca! Babaca!" O dia se anunciava quente.

Na minha vez, a recepcionista informou que o ingresso à Câmara Alta só era permitido a parlamentares e funcionários públicos daquela casa, ou a jornalistas previamente cadastrados. Não era o meu caso. Fui orientado a me dirigir à entrada do Prodasen, o serviço de dados do Senado. Mas Manuel me sugeriu que não fôssemos para lá. Ficava longe. Ele arriscou que tentássemos a "chapelaria da Câmara dos Deputados", como era conhecido o acesso localizado no centro do Congresso, em um nível inferior que não chegava a ser subterrâneo.

Após cinco minutos de caminhada, fomos efusivamente recebidos por cerca de cinquenta pessoas, que corriam em nossa direção e festejavam minha chegada. Queriam que eu os liderasse na invasão que planejavam. Que loucura! A ideia era forçar, avançar, enfrentar, mesmo contra um grupo de policiais posicionado para impedir-lhes o ingresso. Pedi calma à rapaziada e expliquei que, com bagunça, nada conseguiríamos e ainda seríamos chamados de radicais golpistas da extrema direita. Não é isso? Pedi também que me deixassem dialogar, negociar com o pessoal do parlamento. Esse meu apelo foi testemunhado por jornalistas, fotógrafos e equipes de rádio e TV que cobriam o impasse.

Aproximou-se então Marcello Reis, do Movimento Revoltados On Line, que nos explicou que falara com alguns parlamentares de oposição também inconformados com a expulsão dos manifestantes. Esses legisladores estariam dispostos a receber representantes do grupo e tinham interesse em falar comigo, de modo que, cumpridas algumas consultas a autoridades do Congresso Nacional, tivemos,

LEVE-ME A SEU LÍDER

Marcello e eu, o acesso liberado, assim como Manuel, depois de minha reivindicação: "Ele está comigo. É jornalista. É da associação de correspondentes internacionais em Brasília e trabalha para o programa uruguaio *En Perspectiva*. Poderá dar uma versão isenta do que viemos fazer. Não queremos e nem vamos arrumar confusão. Por favor, eu só vou entrar se ele vier comigo."

Ao finalmente entrar, enquanto era saudado com carinho por funcionários da Casa e assessores parlamentares, fui cercado por dezenas de jornalistas, ansiosos por saber o que eu pretendia, como havia entrado, se representava algum partido etc. Tudo normal. Quando subia as escadarias da Câmara, interpelado sobre com quem gostaria de falar, respondi a frase que se tornaria manchete em vários jornais: "Levem-me ao seu líder! Levem-me ao seu líder!" Queria, sim, me encontrar com algum líder do Congresso, mas falava ali como um alienígena. E, de fato, eu era o próprio, dadas as insólitas circunstâncias e o que viria.

Inicialmente, tentamos contato com o presidente da Câmara, deputado Eduardo Cunha. Fomos até bem próximo de seu gabinete, pedimos que nos ouvisse, mas, como ele estava à frente da votação da LDO, seria impossível nos receber. Aceitamos. Não queríamos tumulto. E então passamos a procurar assessores de líderes partidários da oposição. Nós deveríamos aguardar, porque esses parlamentares tentavam convencer Renan Calheiros a liberar novamente o acesso do povo. Era ao menos o que nos informavam. Vieram em nosso auxílio o então deputado Ronaldo Caiado, agora senador, e os deputados Onyx Lorenzoni, Jair Bolsonaro (que, em um determinado momento, me ofereceu carinhosamente seu paletó, caso eu quisesse entrar no parlamento), Izalci Ferreira e Antonio Imbassahy, todos muito gentis e solidários conosco.

Havia um impasse sobre se Calheiros nos liberaria para acompanhar a sessão, e se especulou sobre a possibilidade de eu falar desde a tribuna. Pura ilusão. Nada disso aconteceria. Pensei: "Não sou melhor do que ninguém. Prefiro ficar do lado de fora, com os demais, até que alguém nos receba." E voltei para a rua. Não tardaria, no entanto, para que pipocassem aqueles comportamentos de fundo suspeito por parte da imprensa, tão recorrentes e previsíveis quando o assunto sou eu.

Havia me afastado um pouco do grupo de manifestantes para dar uma entrevista, ao fim da qual, dez minutos depois, notei um carro oficial estacionar bem à porta do Congresso. Seguiu-se um intenso alarido. Era José Sarney, que deixara a viatura chapa-branca e, um tanto esbaforido, armava uma corridinha incômoda e amedrontada à portaria, a duras penas se livrando de uns cascudos. Confesso que, no momento, certamente porque distante, não atinei para a gravidade daquele assédio, tampouco lhe dei maior importância. Pegara o bonde andando, de modo que aquilo me pareceu uma manifestação espontânea, excessiva talvez, mas irrelevante e sem maiores efeitos. E eu absolutamente nada tinha a ver com o episódio.

Pouco depois, porém, alguns jornalistas, numa sanha descompensada que demorei a compreender, viriam em meu encalço para, pasmem!, avidamente questionar se partira de mim a ideia de sacudir o carro do senador, ofendê-lo e mesmo ameaçá-lo. Fui salvo pelo repórter de rádio a quem dera entrevista fazia pouco e que garantiu a seus colegas que eu não poderia ter insuflado o ataque: "Gente, para de viajar! Estava com o Lobão, longe do incidente, para uma entrevista. Estão doidos? Nós aqui só soubemos agora por vocês dessa maluquice contra o Sarney!". Ainda assim, fiz questão de falar, mesmo sabendo, ou justamente por isso, que todos ali esperavam uma mínima brecha, uma pequena escorregada para garantir uma manchete polêmica a meu respeito: "Poxa, pessoal. Sei que vocês me amam etc. e tal, mas já disse várias vezes, para vocês e para quem quiser ouvir, que não estou aqui para bagunçar o coreto de ninguém. Violência zero e muito amor no coração! Então, vocês acham que faria algo tão baixo?"

Houve também uma passagem curiosa nesse dia, enquanto confraternizava com a galera, distribuía autógrafos, salpicava senhoras e moçoilas de carinhosos beijinhos e posava para *selfies* e mais *selfies* com minha ensolarada simpatia. De repente, um senhor sessentão bradou contra mim, dedo em riste: "Destruiu o Maranhão! Tua família não vale nada!" Ai, ai, ai... Era tão óbvio quanto hilário. Eu fora confundido com o filho do então ministro das Minas e Energia, afilhado de Sarney, aquele do capacete capilar acaju, o lendário Drácula do Suriname e adjacências, A Múmia dos Lençóis Maranhenses, O Werewolf de São Luís, O Senhor do Apagão e de todos os buracos negros do sertão maranhense: Edison Lobão! Mas, fazer o quê? Ouvi a saraivada de insultos sem reagir ou lhe explicar o engano. Até que alguém o advertiu: "Cara, o que você fez? Tá maluco? Ele é o Lobão, o músico! Nada a ver com o outro! Endoidou?". O senhor então coçou a cabeça, claramente refletiu a respeito e caminhou de novo em minha direção, dessa vez em outro tom, com dignidade, para se desculpar. Nós nos abraçamos.

Que dia!

E com essa mesma paciência, tomado da maior boa vontade, esperaria ainda mais um par de horas ali à porta do Congresso. Até ser chamado a entrar na Câmara por um assessor parlamentar. Assim ao menos ele se fez parecer. O jovem rapaz, de terno e gravata, crachá na lapela, barbinha *estilosa*, postura ágil e ar confiante, conjunto característico da autoridade local, garantia: "Por favor, me siga que eu o encaminharei até os gabinetes." Era de fato impressionante a fluência do cara, que abria as catracas daquela disneylândia do poder como se dono do pedaço e desatava os nós da segurança sem diminuir o passo, exibindo seguro seu poderoso crachá, que lhe limpava os caminhos e ainda lhe assegurava todos os salamaleques de boas-vindas. E eu a pensar: "Esse camarada deve ser importante pra caralho, rapaz... Um medalhão em ascensão! Como é respeitado. E quanta habilidade no trato com a vigilância. Quanto traquejo! Que forte penetração na Câmara!".

Chegávamos, pois, ao coração do Congresso, terreno seguro e desimpedido, já rodeados de parlamentares e assessores. Foi quando o rapaz se apresentou: "Muito prazer! Sou Vinícius Carvalho Aquino, estudante de direito e estagiário na PGU. Sou muito fã do Olavo de Carvalho." De imediato, me encarou, como que antecipando minha curiosidade sobre o poderoso abracadabra burocrático, e, com expressão marotíssima, disse: "Sacou o poderio do crachá? Sim! Grande crachá, que abre todas as portas aqui no Congresso Nacional. Ah! Ah! Ah! Pois fique sabendo que isso aqui, ó... (Começou a desmembrar o invólucro de plástico do documento retirado da lapela.) Isso é apenas uma carteirinha de estudante falsificada, mas quebra um galhão, não é verdade?". E continuou: "Quais portas um crachá não abre em Brasília? Não importa de onde venha ou se é de mentirinha! Crachá é crachá. Garantirei a vocês um *tour* pelas instituições de Brasília."

Depois daquele espetáculo de autoridade e de *safismo* carismático, a Capital Federal ficaria mais clara do que nunca para mim. Nascia ali uma terna e fiel amizade também. Vinícius estudou filosofia e, como mencionei anteriormente, ama Olavo de Carvalho, razão pela qual me fez jurar que um dia o apresentaria ao querido professor. Um jovem sagaz, rápido, que sabe de tudo e de todos nos bastidores do poder no Distrito Federal. Figura de rara solicitude e simpatia, no vácuo da qual acabaríamos novamente nos gabinetes de deputados e senadores, todos já se preparando para votar a LDO, mas novamente sairíamos dali sem alcançar sequer um líder do parlamento. Eram muitas promessas, projeções, agendamento de encontros futuros. Nada objetivo, contudo. Nada urgente. E eu desabafaria com Manuel: "Pô, eu quero entrar, mas, antes, quero ajudar a garantir o direito de a população se manifestar dentro do Congresso. Veio um monte de deputado falar comigo. Alguns são bastante interessantes, mas não passamos de conversas. E não vim aqui pra ficar de bate-papo."

Cansados e famintos, tarde já avançada, só nos restava arranjar um lugar para comer e entabular nova tática. Foi aí que se formou o quarteto fantástico: eu, Manuel, Marcello e Vinícius. Ele tinha, aliás, uma sugestão: que esquecêssemos o Congresso e fôssemos diretamente à Procuradoria Geral da República e pleiteássemos junto ao Ministério Público Federal um salvo-conduto para o acesso dos manifestantes ao plenário do parlamento. Assim fizemos. Rodrigo Janot, porém, não estava. Pretendíamos engajar o procurador-geral na causa. Não deu. Fomos, no entanto, recebidos por Humberto Jacques de Medeiros, procurador da República, com quem tivemos conversa franca acerca da situação política do país e a quem questionamos sobre a proibição de o povo ingressar nas galerias do Congresso. Ele então nos aconselhou a buscar auxílio no Supremo. E lá fomos nós... Éramos peregrinos, não?

Rumamos à sede do STF, na Praça dos Três Poderes, a bordo de uma das vans que, embora devessem ser utilizadas livremente pela população no percurso entre Congresso, Procuradoria Geral da República e Supremo, são absolutamente desconhecidas pelo cidadão de Brasília e estão, portanto, sempre vazias. No caminho, cruzamos com índios paramentados, de cocar e flechas, a nos acenar carinhosamente...

Que dia!

No STF, fomos esfuziantemente bem recebidos. Era evidente a repulsa que a grande maioria dos funcionários nutria pelo governo federal, sentimento quase unânime em todas as repartições públicas que visitamos. Contamos mais uma vez com o conhecimento de Vinícius para elaborar o pedido de garantia de acesso dos manifestantes às galerias do Congresso. Infelizmente, porém, por questões burocráticas, a solicitação não pôde ser avaliada antes do término da sessão legislativa em que a LDO foi votada. Uma pena. Mas não considerei minha viagem perdida. Ou tão perdida. Afinal, ainda naquele dia, teria encontros com líderes oposicionistas, oportunidades em que externei minha indignação contra a violência sofrida pelos manifestantes na véspera e contra a falta de combatividade da oposição, que não saiu em defesa dos agredidos e parecia desconhecer a importância de sua função na democracia representativa. Fui duro. Há quanto tempo a oposição não representava, não encarnava para valer, os valores e anseios da sociedade brasileira?

Decidi pernoitar em Brasília, porque me fora assegurado que o senador Aécio Neves me receberia. No dia seguinte, em seu gabinete, conversamos longamente sobre o país e tiramos várias fotos, que, para delírio da militância petista, sairiam em vários jornais. O ódio do PT pelo PSDB produziu, a propósito, um cacoete cômico: para um petista, todo cidadão oposicionista é imperativamente peessedebista. E, como são dados à monótona condição de robozinhos, somos obrigados a ouvir essa ladainha babaca a todo instante.

Mas era já hora de o alienígena voltar a seu planeta, a Lobolândia, e sem que tivesse contribuído para a causa da liberdade naquele planeta estranho chamado Congresso. Apesar de a ditadura haver sido apeada do poder fazia trinta anos, não conseguimos nos livrar de nossos entulhos autoritários. Ah, o planalto central e sua imundice... A luta continuaria, porém.

14
Os últimos farrapos da liberdade

O fim de 2014 não justificava otimismo. Ao contrário, anunciava que 2015 seria ainda mais sombrio para o Brasil. O ano que saía de cena fora intenso, tanto nos altos quanto nos baixos. Daniele, mãe de minha filha Júlia, morreu e, num espaço de vinte dias, perderíamos nossa Moniquinha. E havia os shows, ou melhor: o cancelamento dos shows, às dúzias. Isso enquanto era ameaçado de morte na internet e atacado violentamente pela patrulha petista esfomeada. Afinal, Dilma fora reeleita, a crise se agravava, o governo apertava os gastos e o dinheiro para os robozinhos a serviço minguava... E eles queriam sangue!

    Mas 2014 também fora o ano em que comecei a conceber, elaborar e executar o trabalho da minha vida, meu grande desafio, para o qual passara a compor consistentemente, meu primeiro disco de inéditas em dez anos. O ano também será lembrado por me ter dado um neto, filho de Júlia, Pedro, neném que exala alegria, risonho, de cabelos pretos profusos, olhinhos puxados... Minha Regina, sempre ela, havia iniciado uma longa correspondência com minha filha, de quem fomos aos poucos nos reaproximando. Um barato. Júlia me orgulha. Excelente profissional de moda, ser querido por todos e mãe amorosa e dedicada. Também me reaproximei, pela internet, de meu irmão caçula João Eduardo, das criaturas mais doces e inocentes que já conheci, e isso me tem dado imensa alegria. Hoje passamos o dia todo trocando recados pelo Facebook, e não caibo de felicidade quando consigo vê-lo no Rio de Janeiro.

Não me canso de me impressionar, e de me maravilhar, com a profunda interação entre meu trabalho e minha vida interior. O que sou, o que penso, o que leio, o que ouço, minhas reflexões, minha busca por mim mesmo, todo esse movimento íntimo foi e é vasculhado em minha procura por expressão, todo esse movimento resultou no modo como me comporto e, sobretudo, em música, na minha arte, no que componho.

Não posso olhar para 2014 sem contemplar os tantos eventos *rebuliçosos* em que me meti. Foram muitos acontecimentos quentes! Passeatas, *hangouts*, encontros físicos ou virtuais com inúmeras figuras da maior importância no tal mosaico da genuína oposição brasileira. Destaco os nossos antológicos *armossos* semanais no Spot, com Claudio Tognolli, Sérgio Malbergier, Márcio Chaer, Romeu Tuma Jr., Miguel Barella, entre outros, de onde brotaram grandes ideias, articulações e projetos de livros, e para onde sempre um dos comensais levava notícias fresquinhas dos bastidores do governo, da música ou da política internacional. Altíssimo nível.

Foi num almoço desses, aliás, já perto do final do ano, que discutimos o fenômeno triste do êxodo em massa que ocorre em vários segmentos da sociedade brasileira, sobretudo nas camadas de excelência técnica, intelectual e artística. Cada um de nós tinha um ou mais casos de amigos ou conhecidos que saíram do Brasil por falta de condições profissionais, por não mais aturar o opressor clima de hostilidade ideológica, ou por não querer ser contaminado pelo despreparo e crescente emburrecimento do ambiente universitário.

Tognolli, professor da ECA-USP, nos pintou um panorama sombrio da classe universitária, do *bichogrilismo* galopante dos doutrinados, das figuras-clichê, do pensamento único, do padrão MPB *tropicaloide* reinante no gosto estudantil, etc. e tal. De minha parte, falei dos estúdios que fechavam as portas, dos engenheiros de som que se mandavam para Portugal, para os EUA, para o Chile, dos artistas que, por não se encaixarem no modelo totalitário imposto pelo governo com a tirania das leis de incentivo, ou desistiam da profissão ou deixavam o país.

Histórica e dramaticamente, esse movimento de saída em massa é reconhecido como um dos primeiros sintomas da formação de um regime antidemocrático, em que não há espaço nem tolerância para qualquer diferença e em que o opositor tem de ser eliminado, anulado ou banido. Eu mesmo comecei a discorrer sobre os mais variados tipos de pressão que recebia diariamente, desde aqueles manjadíssimos e ubíquos insultos, ex-músico, falido, fracassado, ex-Lobão, drogado, demente-senil, até o que representava um aumento alarmante de tom: a ameaça de morte.

De um dia para o outro, passei a ser ameaçado de morte como quem bebe água, e de forma requintada, com a sofisticação de publicarem meu (antigo) endereço e convidarem os black blocs para incendiar minha casa, cortar minha cabeça e exibi-la em praça pública. É incômodo perceber que nunca se odiou tanto no Brasil, que nunca se desfizeram tantas amizades como nesses últimos anos. E é preciso refletir para um outro efeito, talvez ainda pior, desse tipo de assédio, de incitação ao ódio: o de essa atmosfera de intimidação bruta ser eficaz máquina de repressão e de censura, impondo sobre o contraditório, por medo, a ideia de que é melhor calar. Ou...

Esse é o país em que vivemos.

Houve casos de colegas meus, músicos, que fizeram convites a que se invadisse a minha casa. O que mais dizer? Fui perturbado pela manifestação de que minha residência era monitorada. Sabiam e me faziam saber que sabiam que as luzes da sala estavam acesas, o que tornava meu dia uma tarefa preocupante, porque, afinal, eu precisava sair, andar na rua, trabalhar, me deslocar à noite para os shows etc.

Comentei então com meus comparsas que, se Dilma fosse mesmo reeleita, provavelmente eu perderia de vez qualquer possibilidade de viver, com mínima garantia de integridade física, no Brasil, de resto sem espaço para trabalhar, boicotado profissionalmente como consequência de uma pressão vinda do próprio poder público. Que empresário me contrataria, que maluco? Quem me daria palco, se sob o risco de perder benefícios concedidos justamente por aquele, o Estado, cuja existência, em situação normal, deveria ser um bastião de segurança e de defesa de nossos direitos individuais?

Mais tarde naquele dia, em um *hangout* com Olavo de Carvalho, tratamos, como não poderia deixar de ser, da campanha eleitoral, da postura dos candidatos, de suas chances, especulamos sobre o futuro e projetamos cenários vencesse um ou outro. Quando avaliamos o ambiente subsequente à vitória de Dilma Rousseff, com o papo do almoço na cabeça, relatei a Olavo minha situação pessoal, preocupado com o que poderia me ocorrer caso o PT continuasse no poder, pois me parecia certo que as ameaças contra mim não apenas prosseguiriam como se intensificariam. E declarei que, a persistir, a combinação entre hostilidades e cancelamentos de shows deveria apressar minha procura por outro lugar onde habitar no mundo.

Pronto!

Como é característico da militância petista, minha modesta conjectura no *hangout* rapidamente se tornaria promessa ao povo brasileiro: se Dilma ganhasse, eu sairia do Brasil, me mudaria para Miami, distorção que ainda seria veiculada como gesto de um intolerante, de um cara que não respeita os desígnios da democracia e ignora a vontade popular, e tudo num tom como se eu fosse dado a chiliques, um garoto mimado que esperneia contra a decisão soberana de uma nação. Essa fofoca se espalhou pelas redes sociais como epidemia e minhas páginas no Facebook, Twitter e Tumblr foram inundadas por militantes robozinhos enlouquecidos.

Essas investidas tinham um padrão. Eram uniformes, automáticas, os MAVs (comunista, como um burocrata nato, adora siglas, não?) utilizando os mesmos termos, a mesma construção de frase e a mesma agressividade recalcada. Até hoje me pergunto se isso é um método de repetição tática criado por Franklin Martins e desenvolvido e executado pela genial equipe de comunicação do PT, ou se é simplesmente um fenômeno decorrente da *tsunâmica* onda de imbecilização coletiva que afoga nossa sociedade? O mais provável é que a resposta esteja na articulação das duas hipóteses.

Outra singela pecha que se tentou me imputar foi a de intervencionista militar. Logo eu! Era um tal de me chamar de filhote da ditadura, jornais a publicar relações íntimas minhas com coronéis daquele período tenebroso ou fotos de minha magnética pessoa em plena performance cívica na avenida Paulista, nas passeatas, com um cartaz a favor da maldita intervenção militar, que desprezo, ao fundo. Sem falar nos programas de jornalismo muito duvidoso, os de sempre, com seus futuros ex-funcionários a forçar alguma declaração minha com aquelas criminosas perguntas-afirmação: "Lobão, você mudou muito desde que começou a apoiar a ditadura militar. Qual seria o motivo dessa mudança?"

Ora, minha opinião é sólida: o momento histórico demanda do povo, e exclusivamente do povo, mobilização pela mudança. Mas não qualquer uma. Não a qualquer preço. O país, desde a proclamação da República, tropeça de golpe em golpe, de intervenção em intervenção, numa nítida manifestação de infantilismo político, de nanismo intelectual. O Brasil sofre da mórbida dependência coletiva de uma figura paterna que ordene os passos do rebanho, da bizarra necessidade de uma classe patrimonialista pronta a atender os anseios presumidos e minúsculos da população. Se desejo o oposto disso, um Estado que se meta menos na minha vida, como poderia torcer e trabalhar por intervenção militar, por ditadura?

Respeito as Forças Armadas e por isso mesmo as quero cumprindo com seu dever, bem longe da política, livre de renovar contra si, por mais cinquenta anos, o papel de vilão, acirrando o ódio e a aversão que a *intelligentsia* brasileira lhes tem e que resultou no absoluto sucateamento de nossas condições de vigilância e defesa.

E há outra coisa... Imagino uma intervenção militar bem--sucedida e logo penso na alegria da esquerda em retomar sua tão prazerosa posição de vítima oprimida, o Brasil então a reabilitar o cenário que cultivou, lá atrás, um povo frouxo, inerme, apático, vesgo, merecedor de ter um Chico Buarque como emblema de sua cultura. Só isso já bastaria para que repelisse a volta da ditadura. Mas há muito mais. Sou um democrata. Um homem livre, que não negocia com a liberdade e que não relativiza o autoritarismo, nem no Brasil nem em Cuba. Quantos outros de nossos artistas podem bater no peito e afirmar isso?

Assim, não faltaram de minha parte veementes protestos e públicos repúdios contra essa farsa cabotina de me tentarem lançar na história como um militarista. Não mesmo! Promovi *hangouts*, convoquei a população, escrevi artigos e desafiei os MAVs, que, contudo, como bons robozinhos, descaradamente, como diria Dilma, "dobraram a meta" e, com apoio da imprensa governista e de coleguinhas músicos no bolso dos incentivos estatais, não apenas ignoraram minha defesa como multiplicaram as calúnias.

Entre os muitos textos que soltei em minhas redes sociais a respeito, pinço um, que chamei somente de "nota de esclarecimento" e que divulguei no final de novembro de 2014:

> Quero deixar bem claro, pela enésima vez, através desta pequena carta, a minha postura em relação ao que vem acontecendo no país.
>
> Em primeiro lugar, é necessário sublinhar que não faço parte de nenhuma liderança política. Sou um músico que ama seu ofício e minha participação nas manifestações é a de um cidadão indignado como qualquer outro brasileiro.
>
> Em segundo lugar, vale a pena lembrar que nunca, jamais, em tempo algum, apoiei uma ditadura e sempre disse e continuo a insistir que qualquer ditadura é injustificável. Partindo desse princípio, não haveria a menor possibilidade de ter o meu nome associado a golpe militar, intervenção militar ou coisa que o valha. Isso é uma forma tão cretina de reagir como ainda acreditar que Cuba é uma vítima dos EUA e que é *cool* sair por aí impunemente de camiseta de Che Guevara. Quem apoia uma ditadura não tem condição moral de ir contra nenhuma outra.
>
> Em terceiro lugar, jamais concordei com a ideia de separatismo; amo meu país de norte a sul e todos os meus irmãos. É um absurdo querer apontar uma região como responsável pelo naufrágio político, social, moral e econômico em que nos encontramos.

OS ÚLTIMOS FARRAPOS DA LIBERDADE

Venho me manifestando veementemente contra a atuação lamentável do PT, sua militância fanática e violenta, suas falcatruas astronômicas, já impossíveis de se camuflar, e sua evidente postura de impor ao país um regime totalitário.

Se uma democracia vive de seus três poderes independentes, então já não vivemos numa democracia há muito tempo. Se o Estado brasileiro deve ser soberano em suas ações, é evidente que não mais possuímos essa soberania. Temos um governo atrelado ao Foro de SP. Seria muita ingenuidade olharmos ao redor, na América do Sul, e não percebermos pelo que estamos passando.

Acredito que todo brasileiro, que tem o mínimo de vergonha na cara e o mínimo de informação, está completamente indignado com essa presença inóspita e sombria a nos impor suas doutrinas com cinismo e mentira.

A imprensa oficial, com raríssimas exceções, está completamente à mercê do governo e tudo ali é filtrado e deturpado.

Portanto, acredito que o que temos de fazer é insistir na recontagem dos votos e não nos acomodarmos com um resultado imposto goela abaixo, pois, quando há indícios inúmeros de fraude, é legítimo exigirmos transparência.

Se somos obrigados a votar, temos o direito de saber o que acontece com os nossos votos. Esconder isso da gente nos aponta uma vez mais para um regime ditatorial. Assim acontece na Venezuela, na Bolívia, no Equador e em todos os países filiados ao Foro de SP. E, se é inconstitucional um governo ser subalterno a uma instituição internacional, o PT não tem condições de governar o país. Se é inconstitucional enviar dinheiro para o exterior sem consultar o Congresso Nacional, a presidente da República não tem condições de governar esse país.

O Brasil merece se desenvolver, se tornar uma grande nação. Seu povo merece viver uma prosperidade que nunca experimentou, ser unido e não refém de um ódio plantado por um partido que, para governar, precisa dividir.

E, para sacramentar um assunto mais que adormecido, aos que cobram a minha partida do Brasil por supostamente acharem que assim o prometi, é bom lembrar que, ainda estando numa democracia, tenho pleno direito de ir e vir, trocar de opinião e manifestá-la quando quiser. E é bom acostumarem-se a essa realidade. Como pessoa pública, me sinto na obrigação de me posicionar de maneira enfática por ter acreditado nesse partido e feito campanha, de 1989 a 2002, para elegê-lo. E, ao contrário do que a militância petista quer acreditar, o meu histórico só fortalece a minha postura, pois estive lá dentro e sei do que estou falando.

Continuarei a lutar por meus direitos, pela liberdade e pela democracia sempre no campo da legalidade. Que isso fique bem claro de uma vez por todas! E vamos todos juntos por um Brasil livre, que a hora é essa!

Mas o que está ruim sempre pode piorar. Muito. Principalmente num cenário de pouca escolaridade, nenhum discernimento, crescente fanatismo político e em plena epidemia de desonestidade intelectual. De modo que, como se não bastasse o assédio violento da militância petista e da esquerda em geral, nascia outro tipo de ódio e repúdio a minha controversa pessoa: a da direita militarista!

Sim! Eu estava na incrível posição de ser detestado pelos extremos; porque minhas declarações contra a intervenção militar, se propositalmente ignoradas pelos esquerdistas doentes, caíram como bomba nas hostes de militaristas tão cretinos e valentões quanto os "petecas" do sr. Cantalice. E então teve início uma nova bateria de ataques contra mim, desta feita com o mote: "Cuidado! O Lobão é um comunista infiltrado!"

Pode uma coisa dessas?

Para mim, alvo de tanta histeria, estava claro que vivia numa sociedade esfarrapada, desprovida de qualquer meio de reerguer-se por si própria, dividida em idiotas fundamentais estatistas de esquerda e imbecis infantilizados estatistas de direita.

Todos clamavam por intervenção estatal!

De um lado, o Passe Livre, a carteirinha de estudante, a bolsa-seja-lá-qual-for, a cota; do outro, o menininho agredido na rua a pedir que o papai saia de casa para dar uma porrada no garotão fortão da turma. Não é isso?

Que situação miserável!

E a classe artística impassível... Bem, impassível mais ou menos. Porque sempre há uma criatura de índole vermicular para tirar proveito de situações tidas como confortáveis, que não lhe ameaçam privilégios, aboletada naquela zona de conforto em que chutar um suposto cachorro morto pode representar alguma revigorada num Ibobe fenecido e alguns pontos de prestígio entre seus semelhantes. Exemplo clássico dessa atitude canalha, covarde e oportunista ofereceu nosso companheiro de muitas jornadas no *roquenrou* brasileiro, o guitarrista dos Titãs Tony Belloto, que, em sua coluna de *O Globo*, escreveu o seguinte:

> Não dá para respeitar — ou deixar passar batido — jovens brandindo faixas pela Avenida Paulista em que se reivindica intervenção militar no governo e se expressam saudades dos tempos da ditadura militar (tempos, ressalte-se, que os jovens protestantes não viveram, devido à evidente pouca idade). Além dos protestos, esse pessoal junta a seus bordões constrangedoras ofensas a nordestinos. Deprimente. Pior ainda ter de aguentar colegas roqueiros velhos de guerra apoiando convictos tais sandices.

Ora, bolotas! Quem está com a pena na mão e escreve uma coluna em jornal de tamanha envergadura tem obrigação profissional, moral, de ser intelectualmente honesto e de se informar condignamente sobre o que de fato ocorre. Não posso ser clemente com um sujeito contra quem pesa, para além da rotunda falta de responsabilidade, a traição a um longevo e íntimo histórico de camaradagem comigo. Isso é agravante! O cara conviveu comigo. Me conhece. Somos coetâneos de um movimento musical de alguma relevância, décadas de relação mais que suficientes para que não lhe reste dúvida acerca de meu caráter.

Sou uma flor de obsessão, e uma flor de obsessão falante, daí por que, sem transição, em meados de outubro de 2014, pus-me a escrever uma réplica à patuscada do sr. Belloto, que nomeei, à la tropicalismo *mautneriano*, "O kaos nosso da covardia e do oportunismo":

> Ao chegar ontem em casa me deparei com inúmeras mensagens no Twitter me alertando que o roqueiro/escritor/colunista Tony Belloto estava fazendo alusões pouco lisonjeiras à minha pessoa em sua coluna semanal no jornal carioca *O Globo*.
>
> Serei curto e grosso: se o nosso roqueiro/escritor está querendo saber sobre o que ando fazendo e declarando, será melhor se ater a fatos concretos e não fazer especulações levianas e caluniosas.
>
> Eu sempre me declarei peremptoriamente contra qualquer tipo de ditadura.
>
> Sempre fui um incansável batalhador da liberdade. E essa luta confunde-se com a minha biografia.
>
> Repetirei pela enésima vez: toda e qualquer ditadura é injustificável.
>
> A passeata do dia primeiro de novembro foi pacífica, genuína, democrática, e teve como foco a recontagem dos votos e o impeachment de Dilma. E irá se repetir esplendorosamente magnificada no próximo dia 15.
>
> Se houve infiltrados clamando por intervenção militar, não fomos nós, a grande maioria que se deslocou

para as ruas. Ali se encontrava o cidadão comum de todos os credos, grupos sociais, etnias e sexos. Era o povo em estado real, sem maquiagem ideológica nem recrutamento subvencionado por qualquer partido. Era o povo manifestando seu anseio mais profundo: a reconquista da sua liberdade.

Quando subi no carro de som, todos que estavam lá em cima bradaram no microfone contra a intervenção militar e o separatismo por toda a extensão do trajeto. Está tudo registrado.

Se o nosso roqueiro/escritor tivesse um pouco mais de cuidado e transparência, iria pesquisar na minha *timeline* do Twitter e nas minhas páginas do Facebook e constataria que todas elas estão lotadas de alertas contra grupos a favor de intervenção militar e advertências sobre a cretinice do separatismo. Isso com uma semana de antecedência.

Se quiser se aprofundar e ler meus livros, terá uma visão ainda mais nítida sobre a minha postura política. Portanto, só posso concluir que quem quer que esteja insistindo em colocar nos meus ombros a pecha de filhote da ditadura e na minha boca palavras que não proferi, ou coisa que o valha, só pode estar mal-intencionado e jogando para uma determinada plateia de forma pusilânime e caluniosa.

Dá a nítida sensação de que o nosso roqueiro/escritor nutre rusgas à minha pessoa com décadas de enrustimento e, de repente, se mostra valente e semiexplícito (continua claudicante ao pronunciar meu nome diretamente), fazendo-se entusiasmar por uma situação forjada e postiça para que assim possa acreditar estar chutando um cachorro morto.

Engana-se retumbantemente.

Estou mais vivo e articulado do que nunca. Me dá uma certa vontade de rir imaginando duas bandinhas *xexelentas*, como os Titãs e o Capital, tirando onda de roqueiros rebeldes e transgressores (e jovens!) E logo pra cima de quem!

E, para concluir essa mensagem, aconselho ao nosso roqueiro/escritor/colunista quatro coisas de suma importância:

1 - Seja claro e honesto nas suas declarações.

2 - Aprenda a escrever direito.

3 - Aprenda a tocar seu instrumento direito.

4 - Aprenda a não ser covarde.

Com um ano tão atribulado como o de 2014 chegando ao fim, não foi difícil admitir que o lançamento do disco teria de esperar por 2015. Àquela altura, ainda faltava metade do repertório, mas, na penúltima semana de dezembro, às vésperas de viajar a Cachoeira do Sul, para a usual reunião de fim de ano da família, me veio a ideia para uma nova canção.

Como o conceito primordial do disco ainda residia naquele som dos anos 1970, desencavei um tema pulsante, um *riff* de guitarra poderoso e uma batida de bateria *upbeat* bem acelerada. Pensava em escrever uma música para meu neto Pedro, algo bem rock, na exata *vibe* que ele me passara, a de um garoto cheio de energia e vigor.

EM BUSCA DO RIGOR E DA MISERICÓRDIA

Todavia, mal iniciara a execução do *riff* de guitarra e ocorreu o evento símbolo de uma era: o apagão! E um possante, de mais de seis horas, que colocaria por terra qualquer possibilidade de eu desenvolver um tema elétrico e engavetaria novamente o tema ao qual já me dedicava. Não sou homem, porém, de ficar à mercê dos acontecimentos. Assim, liguei o foda-se no volume onze e fui para o nosso aconchegante jardim de inverno. Naquele breu fabuloso, enchi mesa e arredores de velas. Com alguns instrumentos, uns blocos e canetas, pronto: havia montado um ambiente adorável à prática da composição.

Claro que esse cenário sofria algumas imposições externas e, pela ordem natural das coisas, peguei uma garrafa de vinho português, uma taça, e comecei a dedilhar meu bandolim. Logo me veio à lembrança um teminha que esboçara assim que adquiri o instrumento, na época da realização do Acústico MTV, e que remetia a algo meio celta, meio conto de fadas, muito distante do que se espera de algo composto para o bandolim no cancioneiro popular brasileiro.

Aquela atmosfera de devaneio, cheia de brumas misteriosas, e os enigmáticos e pouco convencionais acordes que experimentava me empurravam a uma melodia baseada nos desenhos melódicos do próprio instrumento. Eu me deixava levar... Em menos de meia hora já tinha o tema pronto e fechado, e voltei meus esforços à concepção da letra.

Fico muito empolgado em poder relatar, aqui, em livro, o método de criação, quase que em *real time*, de um repertório tão estimado e ansiado por mim. Já escrevi que uma das principais características do processo de composição para o novo disco foi o processo quase tirânico por meio do qual a melodia impunha forma, ritmo e até estritos limites para a letra. Não houve uma só exceção.

Eu estava na penumbra. Literalmente. E me sentia impelido a escrever sobre desterro e esperança. As ocorrências ao meu redor e contra mim, e também os acordes que armava, a melodia que se desenhava, tudo me apontava para uma única saída. Não havia outro destino para aquela letra. Pensei no banimento, na vontade ambígua de ir embora e nunca mais voltar, e em todos os laços com o meu país, minha história toda, minhas canções, minha presença no cancioneiro e no imaginário brasileiros, minha família, filha, sobrinhos, neto, amigos, meu público, os meus. O êxodo, o exílio... Não é fácil pensar a respeito, cogitar, dificílimo decidir. Naquele instante criativo, meu estado emocional era o de partir, o de partida, o de abandonar todas aquelas brigas e conflitos que pareciam não me levar a lugar algum. Escapar do círculo vicioso de estagnação intelectual em que vivemos por escolha. Deixar para trás aquela incômoda presença de idiotas fanáticos e medíocres e sua sanha dodói e obstinada de me apagar. E ainda havia a reeleição de Dilma, a ciclotimia claudicante das passeatas...

Bebi mais um gole de vinho e os versos da canção começaram a brotar. A noite se aprofundava. As velas intensificavam a dança das sombras. O sereno fino se deitando sobre tudo. Ali nasceu "Os últimos farrapos da liberdade", a derradeira composição daquele riquíssimo ano de 2014:

EM BUSCA DO RIGOR E DA MISERICÓRDIA

Por trás daquele céu
Se escondem ilhas que eu
Precisei buscar
Além daquele mar

E para além do cais
Os barcos todos prontos
Pra zarpar de vez
De vez pra nunca mais

E o que vier será
O fruto de um desterro
Feito em oração
E o sol renascerá

E vou deixar pra trás
O estreito, o oco, o raso
E as certezas vãs
Deixar pra nunca mais

(Refrão)
E eu sei que já vou tarde
Vou com os últimos farrapos
De uma liberdade
Que essa terra deserdou

O silêncio de uma lápide
Não evita as tempestades
Nem os gritos dos fantasmas
Nem as luzes da manhã

OS ÚLTIMOS FARRAPOS DA LIBERDADE

E em cada rosto um véu
Que oculta o segredo
Das revelações:
A máscara

Que se tornou de vez
Um rosto esquecido
De quem jamais se deixou
Na vida se enganar

Mas o que eu imaginar
Em alguma parte do Universo
Vou encontrar
O Sonho e a Razão

E a fantasia é
Um vício raro para poucos
Que eu herdei
Do mundo e do amor

(Refrão)
E eu sei que já vou tarde
Vou com os últimos farrapos
De uma liberdade
Que essa terra deserdou

O silêncio de uma lápide
Não evita as tempestades
Nem os gritos dos fantasmas
Nem as luzes da manhã

EM BUSCA DO RIGOR E DA MISERICÓRDIA

Uma canção recém-nascida é sempre um brinquedo novinho em folha, e foi com esse espírito que me preparei para gravá-la. Acordei cedinho no dia seguinte. De cara, no entanto, constatei minha pouca intimidade com o bandolim. Eu tinha recursos para compor no instrumento, mas não para gravar com ele. Como resolver o problema? A solução se encontrava diante de mim: trocar as cordas de minha guitarra Rickenbacker de doze e afiná-la com os intervalos das do bandolim. Não foi uma tarefa fácil, tampouco rápida. Tive de catar cordas de diversos calibres até alcançar a combinação ideal. Depois, retirei as cordas originais e coloquei as novas, um tira e bota que movimentaria 24 cordas e que me exigiu paciência de santo. Recorri também a um capotraste (espécie de grampo colocado no braço da guitarra para alterar a afinação) e, depois de uma manhã inteira na labuta, cheguei ao resultado pretendido.

Não queria atarraxar lâmpada com o arranjo, pelo menos naquela fase, e prometi a mim mesmo que só gravaria a guitarra, o baixo e a bateria. Gravei a guitarra de doze cordas exatamente como concebera a harmonia no bandolim, um baixo cheio de desenhos e notas, ao estilo Chris Squire, e uma bateria *soltona*, com muita condução de prato, muitas viradas, e então tínhamos o esqueleto de "Os últimos farrapos da liberdade", que assim permanece, embora me pareça certo que ainda mexerei na gravação.

15
Uma ilha na lua

O fim de ano em Cachoeira do Sul reuniu a família inteira. Enfrentamos juntos, unidos, os primeiros Natal e réveillon sem Mônica. Elegi aquele período para intensificar minhas leituras. Devorei a musculosa biografia do Mao Tsé-Tung, obra de Jung Chang e Jon Halliday, e depois fui de cabeça no livro de um general romeno, braço direito de Nicolae Ceauşescu, posteriormente exilado, Ion Mihai Pacepa: *Desinformation*.

    Estávamos nas primeiras semanas de janeiro e a lacuna de Moniquinha era chaga difícil de fechar. A vida, porém, continuava. As irmãs, sempre unidas, estavam mais próximas do que nunca, e Edu arranjara novo emprego em um país africano distante. Clima de retomada, embora a beligerância nas redes sociais se acirrasse.

EM BUSCA DO RIGOR E DA MISERICÓRDIA

Regina, com toda razão, estava apavorada. O cancelamento de meus shows era massivo e ela desconfiava de que eu seria o próximo Simonal. A falta de grana nos assombrava e impunha enorme tensão, e foi sob essa pressão que decidi me fazer um desafio: deveria compor uma canção dedicada ao aconchego, às pequenas alegrias do lar, aos meus gatos queridos, ao amor da minha mulher; enfim, a tudo de que aquele cotidiano inamistoso me apartava.

Eu pensava muito, como ainda agora, no equilíbrio do repertório do disco, no reino das proporções. É extraordinário como uma audição inteira do conjunto, numa sentada só, pode nos montar o quebra-cabeça complexo em que consiste a trama de um disco-história. O álbum tinha mesmo um conceito, uma atmosfera, e aquele grupo articulado de canções aos poucos se revelava para mim: havia um enredo ali, sem dúvida, mas eu sentia falta de outro lado da minha existência naquela narrativa. Lembrei-me, então, de que tinha, no meu baú, um teminha de violão seresta, irmão gêmeo do que viera a ser "O que é a solidão em sermos nós", algo *beatlelesco*, bucólico, regido pela serenidade e pelo abrigo.

Já havia dedicado aos gatos aquele tema, e uma sequência sincopada de arpejos realmente me fazia pensar neles, alegres, pulando nas árvores, dormindo sob o sol do jardim para, de repente, sair à caça de incautos passarinhos. Assim, nesse embalo, numa manhã chuvosa, adequada às perturbações exteriores, fui ao estúdio e, diante do computador, me pus ao exercício de encontrar caminhos para encaixar uma frase naquela melodia tão ritmicamente saltitante e impositiva.

UMA ILHA NA LUA

De modo a ter uma ideia mais ampla de espaço, optei por inserir apenas uns lalalás no ritmo e na melodia para depois, se tivesse sorte, transformá-los em versos. Olhava ao redor para ver se recebia alguma mensagem do acaso e logo me fixei num livrinho pequenino de poesias, obra de William Blake, ao que sempre recorri ao longo de minha vida: *Uma ilha na lua*. Sim! Seria esse o título da próxima canção. Por quê? Porque achei bonito. Simples. E eu continuava a me emocionar com a maneira como as mensagens que surgiam à minha frente eram dirigidas, processadas... Porém, qual sentido daria para minha ilha na lua?

No contexto em que vivia, não seria difícil pensar num escape poético por alguns instantes, uma breve fuga que, no entanto, em virtude do desafio a que me lançara, alçava-se à categoria de meditação. Era como se quisesse medir a sanidade de minha alma e de minha mente através de uma serenidade cultivada. Então, recorri aos meus momentos mais queridos. Cheguei até a pensar em escrever o *Livro do aconchego* enquanto refletia sobre aquele sentimento burguês, algo que não é exatamente uma zona de conforto, no sentido de acomodação, mas um complexo de sensações chanceladas por nossa alma e nosso estado emocional e que, como numa psicometria do momento, projetamos sobre nossos ambientes mais imediatos e cotidianos, paredes, almofadas, móveis, aquele cantinho de casa.

Nesses últimos 25 anos, Regina e eu sempre cultivamos, em todos os nossos lares, o valor fundamental do aconchego. Portanto, nada mais familiar, orgânico e bem-vindo do que, num momento tão áspero e repelente, rogar pelo meu abrigo interior, para todas as coisas queridas de minha existência, e concluir que felicidade não é projeto de vida, mas estado da alma de quem sabe usufruir e desfrutar de cada instante, por simplório que pareça. A felicidade não é uma espera. Antes de tudo, é uma relação profunda com todas as pequenas conquistas, com os afetos, os amores. É a compreensão bem-humorada da condição humana. É ter a humildade de encarar as limitações individuais sem que seja ato de rendição nem procrastinação, mas, bem ao contrário, estímulo a melhorar, a seguir em frente e dividir esses avanços com o maior número de pessoas.

Sem demora, como um filme, me vieram cenas de meu dia a dia: deslumbramento em fabricar arco-íris no jardim ao forjar o jato da mangueira e jogá-lo contra o sol; a segurança de meus livros na cabeceira; a alegria ao acordar de madrugada, encher minha mulher de beijos, olhar para seus olhos de farol, abraçar com todo amor o amor da minha vida e postergar um pouco mais o início de nova jornada; a chegada esbaforida de Lampião no quarto e seu mergulho para debaixo dos cobertores, Maria Bonita já aninhada entre minhas pernas, Dalila tímida e arisca na pontinha da cama. Gatos são verdadeiras compressas ambulantes e a eternidade está a um milímetro, quando a vida breve é quase um blefe.

Eu pensava em aconchego, e que viagem... Logo os lalalás se transformariam em versos, que brotavam fluidos e me presenteavam com um oásis de alegrias delicadas. Nosso lar é nossa alma! Era janeiro de 2015 e, em meio a toda aquela tempestade, nascia mais uma simples, singela, tranquila e doce canção:

UMA ILHA NA LUA

A alegria vem com o frio da manhã
E com a compressa quente de um ronronar
Um embalo doce de ninar
E nós... na cama

Tudo é tão simples e transcendental
Ao fazer um arco-íris no jardim
Um sussurro de ternura na canção
E o orvalho na grama

Na floresta encantada dos tigres mirins
Para os gatos, o jardim é uma selva
O aconchego é o espírito que traz
Quando o lar é a alma

(Refrão)
Luar... Luar...
Tanto céu e tanta estrela pra contemplar
Luar... Luar...
E quem sabe uma ilha na lua...

Com olhos de ouro, esmeralda e céu
Dalila, Maria Bonita e Lampião
E meu amor com seus olhos de farol
Isso é pra sempre

A eternidade a um milímetro
Quando a vida breve é quase um blefe
Quando falo de um gato ou de uma flor,
Isso é pra sempre
Ahhhh... Ahhhhh... Ahhhh... Ahhhhh... Ahhhhh...

EM BUSCA DO RIGOR E DA MISERICÓRDIA

Se eu posso imaginar algum lugar
Com a alma mergulhada em tanta luz
Fica impossível não existir
Aquilo que sonho

(Refrão)
Luar... Luar...
Tanto céu e tanta estrela pra contemplar
Luar... Luar...
E quem sabe uma ilha na lua...
Luar... Luar...
Tanta noite e tanta treva pra iluminar
Luar... Luar...
E quem sabe uma ilha na lua...

Gravei a música na manhã seguinte e da forma mais simples possível: com meu violão Del Vecchio seresta, o mesmo em que fora composta, um sintetizador, que simula miados de gatos, e minha voz. Não defini ainda se farei algum acréscimo, pois me agrada muito ouvi-la assim; mas, sei lá... Tudo pode acontecer até o fechamento de um disco.

16
A posse dos impostores e a abertura

A conclusão de "Uma ilha na lua" me deu um alívio. Senti que havia mesmo um equilíbrio natural de temas e estilos no repertório, pois me preocupava em não realizar um disco monotemático, pautado pelo momento histórico delicado. Admito, contudo, que, ao ouvi-lo, apesar de todos os meus esforços em diversificar, seja inevitável identificar um tom, uma preponderância temática, consequência dos baques políticos sucessivos sofridos pelo país e de minha posição pública a respeito.

Não raro me pergunto por que cargas d'água estaria tão mais "descortinado", ou, em outras palavras, tão devassado e atacado nessa barafunda toda, e a única resposta que me ocorre é a de que apanho muito também por estar sozinho;

por estarmos sozinhos entre os artistas, eu e Roger Moreira, do Ultraje a Rigor. O resto está calado ou cooptado.

Esse forte ruído, o da solidão, atravessa minha existência. O disco não poderia mesmo prescindir desse "estar deslocado". Todas as interferências externas teriam mesmo de ser dragadas para dentro do trabalho. E a mim cabe transformá-las em algo belo, poderoso e inspirador, e sair dessa aventura bem melhor e mais forte do que entrei. Juro que adoraria conceber um disco totalmente abstraído dessas agruras, dessa realidade miserável, mas é impossível a um artista, ao menos a um como eu, não ser espécie de esponja sensorial e captar em música todas as nuances e humores do cotidiano. Eu mergulho no que me irrita, em tudo que me comove, sensibiliza, e dessa profundeza crio o que sei, o que posso. Ouvindo-a com atenção, mesmo uma canção tão descompromissada, tão intimista, como "Uma ilha na lua", exala umas notas dessa atmosfera pesada.

Reflito sobre isso e me lembro de que, ao compor essa música, estava feliz. A conclusão do repertório se aproximava, eu intuía. Minha meta era ter catorze faixas, e todo início de ano é sempre motivador. Já tinha dez canções escritas, arranjadas e pré-produzidas. Era a reta final. O grande milagre de colher dessa tensão toda aquela feliz energia criativa!

Foi nesse clima estimulante que entrei no estúdio disposto a resgatar um tema que compusera no Nord Lead (uma marca de sintetizadores clássica, sueca) e que parecia trilha sonora de filme-catástrofe. Uma linha pesadíssima, histriônica, à beira do caricato, com andamento muito lento, marcado, denso, exagerado. Tem vezes em que somos forçados a res-

A POSSE DOS IMPOSTORES E A ABERTURA

peitar hiatos criativos e guardar determinados temas para o momento certo, tudo para não subtrair desses impulsos genuínos a energia vital. Um processo como o que resulta num disco inédito produz muitas sobras potentes, que serão engavetadas à espera da ocasião exata. Eu guardara aquele tema para retratar uma parada de zumbis, um circo de horrores, um desfile stalinista, uma exibição militar da Coreia do Norte, algo nesse sentido, e ainda não havia sofrido o impacto necessário para abordá-lo com a devida fúria.

Chegara a hora?

Não. Ainda não, porque, quando liguei o sintetizador, ele deu pane e passou a tocar sozinho. Isso acontece de vez em quando. É o efeito apagão a afetar a saúde do equipamento. Resultado: tive de parar tudo, desmontar todo o teclado, lubrificar os potenciômetros, recolocar o martelo de uma tecla e remontar tudo de novo. Essa pequena digressão, entretanto, me levaria à nova trilha, a novo tema, ao dedilhado de uns arpejos mais sincopados, com os desenhos da mão esquerda fazendo a linha de baixo, num estilo meio *bachiano*, meio Frankenstein, que me fez pensar em algo gótico, um órgão todo cheio de teias de aranha.

Fui desenvolvendo o tema assim, logo veio a segunda parte, e então tinha um conjunto que, com algo de barroco, parecia uma introdução de disco de rock progressivo. Pois é. Aquele tema não comportava letra alguma. Mas eu estava muito excitado com sua sonoridade e, afinal de contas, por que não abrir o disco, que não à toa se chama "O rigor e a misericórdia", com um instrumental, fantasmático, meio *bachiano*, meio *classicoso*, exagerado, pomposo e tenso?

Passei a manhã inteira praticando a peça, cuja execução exigia alguma destreza ergonômica. O típico tema que impressiona pela exuberância aparente de sua digitação, mas que, para ser dominado, exige dedicação exaustiva. Quando, seguro, finalmente parti para a gravação, no dia seguinte, coloquei, além do sintetizador, uma guitarra que dobrasse as partes da mão direita do teclado e outra que fizesse os *power chords*. Ficou muito *prog rock*! Ainda adicionei um mini *moog*, com um grave abissal, e lá estava a abertura do disco, prontinha.

Com minha "técnica" de tecladista mais apurada pelos dois dias anteriores praticando descabeladamente o *synth*, estava enfim mais confortável para mexer no tema anterior, aquele que me fizera abrir o Nord Lead. E esse haveria de ter uma letra, sim. Pelo menos o estímulo que tanto procurava estava evidente, desfilando onipresente em todos os jornais e tevês: a posse patética de Dilma Rousseff. A Esplanada vazia, a festa falsa, os pelegos movidos à mortadela, uma presidente eleita sob a égide da fraude nas urnas, do estelionato eleitoral, com sua incompetência escancarada, com sua desarticulação verbal assombrosa, da qual só se compreende mentira, mentira e mais mentira.

PT, seu nome é mentira. Lula, Dilma: mentira. A mentira que esconde a roubalheira, que vende um governo de inclusão social, que protege uma administração que pedala, dissimula e camufla orçamentos, que atribui ao opositor tudo de falso quanto possa lhe atrair ódios, que estabeleceu as condições para que vivamos nessa *patocracia*, nessa fábrica de produzir cretinos fanáticos, crédulos no engodo enfiado goela abaixo. Para eles, mentira é coisa relativa. Mentir para o "burguês" (essa palavrinha tão brega quanto plenária!) é como pavimentar a estrada para o delírio assassino próprio ao cínico conceito de utopia, que jamais levou alguém a algum lugar; mas quantas mortes legou! E isso, milhões e milhões de vidas ceifadas por uma causa, porque, como afirmam os esquerdistas, nunca se aplicou de fato o socialismo...

Eric Voegelin, em vários de seus escritos, comenta sobre os movimentos gnósticos no transcorrer da história da humanidade, compreendidos como impulso de se rebelar contra a natureza real dos fatos, contra a criação do mundo e do universo, contra os desígnios da obra divina, todos cedo ou tarde a causar, como ainda hoje, desastres imensos. Utopia é algo como insistir em tratar uma bicicleta ergométrica como meio de transporte.

E eu estava farto, estou farto, de viver num país frouxo, injusto e ineficaz. E foi nesse estado profundo, em meio a todas essas reflexões, que me sentei diante da telona do computador e desci o dedo no teclado, com a intenção de descrever aquele cenário de ópera bufa, com aqueles lastimáveis personagens que representam nossa dura e inconcebível realidade, esse circo de horrores grotesco que é o Brasil. Era 21 de janeiro.

Escolhi, como inspiração para o arranjo de bateria, "Electric Funeral", do Black Sabbath. As linhas de *synth* da mão direita foram dobradas por duas guitarras e essas dobras sublinharam a sensação de caos e balbúrdia. A linha de baixo acompanhou as intenções e os desenhos da mão esquerda do teclado que, por seu turno, teve mais duas camadas de guitarra. E ainda incluí uns solos incidentais como comentários dramáticos. Registrei "A posse dos impostores" com

EM BUSCA DO RIGOR E DA MISERICÓRDIA

bateria, baixo, duas guitarras (TeleZaga e Les Paul), Nord Lead 2 (quatro camadas de vozes) e um Minimoog (baixo). Gravei duas vozes em duas oitavas para dar maior dramaticidade, o que resultou numa *vibe* meio Rammstein.

Não há sombra de fúria no Planalto Central
Na fraqueza mortal do rebanho no redil
É a Odisseia do Insulto, a vitória ideal
Do fracasso, do débil, do inútil servil

Da Terra do Nunca, onde é proibido crescer
À Terra do Menos onde o esmero é encolher
Paraíso minúsculo do impostor
Da fraude sem escândalos, amnésia e calor

Esterilizando mamatas, silêncio e lorota
A mordaça é a grana e patrulha, a chacota
Gritar, vou gritar: até quando vão enganar
O rebanho no redil alegre a sambar?

Quem precisa correr, quem precisa lutar?
Quem precisa mentir, quem precisa sangrar?
Quantos já se calaram, quantos se foram em vão?
Resistir será fútil quando as ruas se inundarão

Há uma sombra de fúria na impostora eleita
Rodeada de castrados com a nossa receita
Com sua pompa vulgar de botijão de gás
Estamos fartos de um país frouxo, injusto e ineficaz.

17
Dilacerar

Agora, sim! A animação era intensa. O entusiasmo estava no ar. Com doze canções, eu até poderia me dar por satisfeito e partir à produção do disco propriamente dito, mas, como música chama música, e como assunto não me faltava, peguei minha TeleZaga e me pus a compor uma balada rock, com uma linha bem emocional, um refrão altaneiro e um solo de guitarra melodioso e intenso.

De novo, dava à luz uma canção cujo início tinha base estritamente musical, melódica. O que me importava era a direção que a música imporia à letra depois. Eu precisava procurar a música antes de tudo. Talvez eu quisesse evitar verbalizar coisas já de partida, evitar que as palavras ensejassem e encadeassem uma reação, um tom reativo; ao passo que a música, por sua vez, é pura ação e transformação, um poderoso filtro para todos os sentimentos incômodos e pouco desejáveis, os quais relativiza, enobrece e eleva à linguagem artística.

Como desenvolvi um jeito todo particular de tocar guitarra, pensei em construir um *riff* que se valesse da alavanca de tremolo (Bigsby) para criar uma sensação escorregadia na sequência da primeira parte e, assim, se tornar uma espécie de assinatura da música, algo que todo mundo pudesse reconhecer ao primeiro acorde, tudo isso com um timbre quase limpo, com um mínimo de *overdrive* só para dar charme mais rascante à balada.

O resultado sensorial do tema me apontava para um texto também áspero, e logo me veio à cabeça um verbo no infinitivo, como em um hexagrama de *I Ching*: dilacerar; mas em um sentido bastante peculiar, o de ataque, de ir para cima, combinado à acepção de descortinar, de se expor, de se abrir, de se arriscar. Desconfio de que me queria passar um recado: "Cara, se descortine através do amor, se exponha sem medo, cante e espante todos os males." Simples assim.

É interessante notar a alternância e a recorrência de assuntos e situações vividas, que reaparecem em múltiplas formas, dentro do processo de criação. São tantas alternativas, tantas possibilidades e nuances para abordar sentimentos, aflições. Por exemplo: a ideia de que a maldição é um dispositivo de ritualização da vontade de destruição à distância. Uma espécie de tecnologia ontológica do malquerer. Isso me ocorreu enquanto pensava sobre o significado de "dilacerar" que pretendia desenvolver na letra da canção. Imediatamente me veio à cabeça, uma vez mais, a convicção plena de que o afeto, o amor e a criação são armas poderosíssimas contra o ódio, o impulso de banimento, a vontade de eliminação. Aquele era, a rigor, o conceito do próprio disco. E era também o que experimentava nas ruas.

Eu não estava só naquele enfrentamento positivo. Uma parcela significativa de brasileiros me apoiava e as manifestações de carinho, solidariedade e afeto eram intensas e frequentes. E assim continuam. Nas padarias, nos restaurantes de beira de estrada, nas esquinas, nos aeroportos, dentro dos aviões, em botequins e bares de hotel, as pessoas vinham e vêm conversar, tirar fotos, desabafar com cumplicidade e um único recado: "Estamos juntos nessa, irmão!"

É o amor. A força que alimenta nossa vontade de prosseguir e que nos permite atravessar qualquer tipo de aflição, maldição, linchamento moral e banimento. De minha parte, portanto, queria... dilacerar. Mas nesse sentido lúdico, específico, para o qual dirigira minha música, meu disco e mesmo este livro: dilacerar corações com amor, dilacerar a mentira com inspiração, dilacerar a tristeza da infâmia com a beleza criativa. Com perseverança e rigor inimagináveis para determinadas criaturas, verter o menosprezo, a presunção e a tormenta em arma, em humildade, em serenidade, em canção.

Tenho clareza sobre meu novo disco. É um solitário manifesto musical que retrata um tempo triste, época ignorada pelos covardes ou preguiçosos ou míopes artistas do país, o que faz ainda mais relevante meu trabalho. E "Dilacerar", composta em 6 de fevereiro de 2015, é muito representativa disso:

EM BUSCA DO RIGOR E DA MISERICÓRDIA

Dilacerar...
O tempo vai passando e, no entanto, estamos nós aqui,
Lutando, amando, e vivendo prontos para tudo
Como sempre foi... Seja o que for
Dilacerar...
Foi o que aprendi a fazer
Quando tive que me defender dessa maldição,
Dessa espécie de vontade estranha
Que é ritualizar à distância a destruição
E o que é banir?
Quando conseguimos em um instante
Para sempre nos entrelaçar...
Em qualquer lugar, em qualquer tempo,
Sem acaso e sem imperfeição,
Sem desproporção,
Ser amor e só.

E atravessar
As cinzas da dor
O absurdo é um mistério cheio de milagres
A se esconder da compreensão.
E viver o amor.
Não vai durar o triunfo do idiota
Porque o absurdo é a minha arma
E a tormenta é o meu refrão.

Essa música deu praticamente início às minhas pesquisas sonoras com vistas à finalização do disco. Afinal, muito do que experimentava e registrava em meu estúdio era fruto de um aprendizado *real time*. A partir de "Dilacerar", comecei a me preocupar em extrair o máximo de qualidade de meu parco e limitado equipamento.

Passei horas microfonando a bateria e a ambiência da sala. Levaria dois dias até chegar ao andamento definitivo. Em seguida, pus-me a testar uma série de levadas rítmicas no instrumento que me formou e me levou além. Talvez seja engraçado imaginar que eu entabule uma sequência rítmica pensando na pontuação e em cada palavra da letra (para que o ritmo possa assim sublinhar o significado da narrativa), mas é dessa forma que funciona, para mim, uma linha de bateria.

Tirei um som profundo e grave dos tons como nunca antes na batera, a caixa e o bumbo sempre favorecidos pela ambiência da sala e pela minha singela pancada pessoal. Depois, foi a vez do baixo, de novo meu xodó na gravação, para o qual inventei linhas bem dramáticas, umas dobrando as viradas da bateria, outras solando melodias em contracanto com a voz e a guitarra.

Gravei a guitarra centro (a base original da composição) com a TeleZaga, com a qual ainda registrei uns contrassolos e o solo final, que viraria uma espécie de *canon roquenrou* com um outro solo, feito com a Black Beauty, no lado direito. O resultado é a TeleZaga na caixa esquerda e a Les Paul na direita. Também toquei um piano elétrico, um *plug-in* do Fender Rhodes que já tem todas as regulagens e equalizações prontas salvas no meu *preset*, o LOBO/RHODE.

No entanto, todo esse esforço não passará de trabalho de pré-produção. É assim mesmo. Afinal, corrido algum tempo, voltei a ouvir a gravação e percebi a necessidade de alterar profundamente o arranjo e a maneira de tocar a bateria, cuja audição me deixou insatisfeito. Esses incidentes sonoros, muito frequentes, são saudável sintoma de que se está agindo com rigor e honestidade. Nem tudo que se engendra se corporifica com perfeição.

18
O rigor e a misericórdia

Que vontade danada eu tinha de começar a mergulhar no segundo estágio de produção do disco: aprender a gravá-lo. Treze músicas eram mais do que o bastante, e não eram treze quaisquer. Eu sabia que compusera belas canções e estava curiosíssimo para ouvi-las finalizadas, uma a uma, e em ordem, para que me contassem a verdadeira história de *O rigor e a misericórdia*.

    Naquela altura, minha maior preocupação era me certificar de que meu estudiozinho caseiro reunia as condições técnicas necessárias à gravação profissional do disco, tanto mais se numa região com incidência absurda de apagões. Eu estava confiante. As coisas caminhavam bem. Entretanto, é quando pensamos ter tudo sob controle que a vida nos prega peças de que até mesmo Deus duvida.

Na noite da véspera da viagem de Edu para a África, nos reunimos no apartamento dele e, em pleno brinde de despedida, uma surpresa espetacular nos baquearia: Puig se levantou, desligou a televisão, pediu a palavra e, sem transição, comunicou que estava de partida à Inglaterra, e com passagem só de ida, marcada para dali a duas semanas.

Foi uma bomba.

Puig havia passado em terceiro lugar no vestibular na FAAP e prestaria vestibular para a USP simplesmente no dia seguinte. Tudo ficaria para trás. Naquela sala carregada de estupefação e perplexidade, ele nos explicava como planejara a viagem, juntando suas parcas economias ao longo de quatro anos. Descreveu sua desilusão com o ensino brasileiro, seu ceticismo em se formar em cinema no país, um lugar que não o atraía, e falou sobre a precária qualificação do mercado de trabalho nas áreas de seu interesse, fundamentalmente música, cinema e literatura. Assim, municiado com seu passaporte português, que adquirira no ano anterior, tentaria a sorte em Londres, e, se não desse certo, em outros países da Europa ou mesmo nos EUA. O Brasil, porém, não lhe era opção, ao menos não por ora.

Foi uma bomba, repito.

O silêncio na sala era um monumento à surpresa. As pessoas se entreolhavam. Regina parecia prestes a chorar, Isadora com os olhos arregalados, enquanto Edu tentava demovê-lo da ideia. De minha parte, no primeiro instante, fiquei mudo, sem saber o que dizer. Ele se dedicara tanto aos estudos e de repente jogaria tudo para o alto. Aquilo me soou, de início, como uma grande loucura. Mas Puig estava decidido. Levaria apenas sua guitarra e uma mala com o mínimo indispensável. Não existia a menor chance de lhe mudar os planos. Ele já comprara a passagem, com poltrona e dia marcados, alugara um quartinho numa pensão em Londres e se organizara para, uma vez na cidade, sair imediatamente à procura de emprego. O projeto era começar uma nova vida, mais um caso entre os milhares de jovens que, com cerca de dezoito anos, decepcionados com as possibilidades que o país oferece, ganham o mundo para crescer.

Ao voltarmos para casa, naquela noite insólita, que mais parecia trama de novela mexicana, o clima era de perplexidade, tristeza, perda, preocupação e alguma esperança. Regina estava inconformada, e eu, ciente de que perderia a companhia de meu melhor amigo, meu fiel companheiro. Deveríamos, porém, admitir que, no caso específico dele, não havia mesmo muitas opções. Um cara brilhante como Puig não cabia nos parcos espaços de crescimento pessoal que o Brasil oferece e não teria como desenvolver aqui plenamente suas habilidades.

Ele passara todo o período colegial às turras com professores que teimavam em transformar aulas de física, matemática, química ou história em palanques de propaganda ideológica. Um garoto com índice de escolaridade formidável, leitor contumaz de clássicos como Shakespeare, De Quincey, Locke, Hume, Borges, Byron, Rimbaud, Cervantes, entre tantos outros, não se submetia facilmente a uma pedagogia capenga e doutrinária como a *paulofreireana*. Quantas vezes ele me disse que, para passar de período, teve de inventar temas nas redações, ou melhor, repetir e adaptar o que os professores indicavam como "o certo", pois, se emitisse suas opiniões pessoais, seria reprovado? Tudo isso a se passar dentro de um dos melhores colégios de São Paulo. Escola particular!

Eu mesmo testemunhei, no auditório do colégio, a tal palhaçada, quando Puig nos convidou para assistir a um documentário que realizara com sua turma. Percebi sua solidão, seu deslocamento do grupo, sua total inadaptação em contraste com a maioria de alunos completamente dragada pela uniformização ideológica, uma verdadeira lavagem cerebral. Conheci e conversei com alguns daqueles professores e constatei que se tratava de comunistas de carteirinha, ali cumprindo, com afinco, a missão de doutrinar. E, quando digo "comunistas", é na acepção máxima e técnica da palavra, por mais ridículo, extemporâneo e improvável que possa soar.

Sei que não falo uma novidade. Verifico isso diariamente na internet. Entre os MAVs que me atacam do nada, o percentual de professores (de história, geografia e, claro, sociologia) é de 95%. Isso, antes de qualquer coisa, é esteticamente muito cafona... Gente! Estou ciente de que pega mal uma criatura, em pleno século XXI, alertar para a infiltração comunista nas escolas "dazelite branca", no coração da cidade de São Paulo (como em todo o Brasil), mas é exatamente o que ocorre, e nas minhas barbas. Afinal, estamos na Terra do Nunca, não é verdade?

O evento no colégio de Puig explicava tudo, e, particularmente, representava o próprio motivo de ele deixar o país. Caras assim enxergam na frente: o Brasil está perdido.

O RIGOR E A MISERICÓRDIA

Posso imaginar como se sentia ali, sem qualquer empatia, admiração ou respeito por aqueles rastaqueras que lhe impingiam um currículo de merda, obrigado a fazer esforço sobre-humano para desenvolver, por conta própria, conhecimentos de latim, inglês, espanhol, música, cinema, filosofia, eletrônica, física, tudo estudado na solidão e no recôndito de seu quarto. Com humor e ironia, ele me relatava como seus colegas de cursinho exibiam um comportamento retardado, infantil, agravado por uma erotização primária: uma sala de aula de um curso preparatório ao vestibular que se poderia confundir com a sala de estar do Big Brother Brasil. Grau de leitura? Próximo ao zero, ao som de sertanejo universitário, num cenário em que até Darwin teria de rever sua teoria. Esqueçam o mais apto! Neste país, hoje, vence o mais medíocre, o mais cretino, o mais raso, o mais oco, o mais estreito.

Como não compreender o caminho do aeroporto? Como não apoiar?

Eu me sentia impotente, vazio, revoltado. Pensei até em colocá-lo na minha *gig*, guitarrista bom que é, mas isso seria uma temeridade, considerado o ambiente musical fragilíssimo em que habitamos. Meu sobrinho querido seria, portanto, um entre os tantos brasileiros de saída para o exterior, realidade terrível, a de um país incapaz de cultivar os seus.

Superada a pancada inicial, feitas essas reflexões, eu estava feliz e aliviado por ele. Sempre confiei na inteligência, na maturidade e na proficiência de meu jovem e intrépido amigo. Puig contava 18 anos recentes, tinha uma vida pela frente. Não merecia um país de bundas-moles, paralisado, mergulhado na frouxidão... "Porra! Ora, bolas! Vai fundo, Puigaço!" Aquela aventura seria vital e vitoriosa para ele.

Em casa, intuí que me sentiria melhor se pegasse a viola caipira e me pusesse a tocá-la na varanda do jardim. Foi exatamente o que fiz. Meu primeiro impulso consistiu em tentar fazer uns *licks* de blues, só para testar como soaria naquele instrumento. Talvez porque já não tivesse mais o compromisso de compor para o disco, de repente, para minha surpresa e alegria, com incrível velocidade, espocou uma série de ideias musicais. Me lembrei de "Disparada", depois de Zé Ramalho, Beatles, Led Zeppelin, John Lee Hooker e até de música sacra, e não demorou para que aquela quantidade torrencial de sensações e lembranças se corporificassem em um tema profícuo e bem estruturado, com três partes distintas.

Era a terceira composição que fazia na viola de dez cordas e me entusiasmava imaginar que a sonoridade do disco teria uma marca distinta, pessoal, exótica mesmo. Eu, que já compusera treze faixas, que considerava o conjunto de canções para o álbum pronto, talvez tivesse ali mais uma, nascida sem qualquer intenção. Animadíssimo, parti célere ao estúdio em busca da que poderia ser a derradeira canção do disco.

O maior problema de um tema como aquele era sua extensão. Haja assunto para colocar em tanta música! E uma preguiça mental terrível me bateu apenas ao especular sobre o trabalho de encaixar quantidade colossal de versos, todos rigorosamente metrificados, em três partes tão diferentes entre si, com melodias diversas, ritmos diversos. Para essa empreitada, acabei por relaxar um pouco. Pensei que poderia contar com meu bloquinho de anotações, que levava sempre grudado comigo, e ir simplesmente anotando ideias e *insights* no decorrer dos dias, sem pressa de alcançar resultado imediato.

Antes, teria de me preocupar com coisas mais urgentes, como a memorização daquelas harmonias, a introjeção de suas articulações (para uma confortável e necessária boa execução do tema) e a descoberta das melhores resoluções ergonômicas (para montar as posições daqueles acordes num instrumento pouco familiar) e da devida fluidez, a naturalidade no desenrolar do tema em suas três partes.

Uma coisa era certa: tinha um musicão pela frente, tanto por seu tamanho quanto por sua beleza. Eu já tinha algumas anotações esparsas no caderninho, mas nada ainda que pudesse alinhavar como início do enredo de uma letra. Contava com uns rabiscos do tipo: "Todo herói se diverte só"; "Tão sobrenatural como uma nuvem perdida na manhã"; "A poesia é como um sonho que se organiza"; "Despenhadeiros"... (Adoro a palavra despenhadeiros: é sonora!)

Os dias seguintes seriam dedicados à partida de Edu e ao paulatino e doloroso processo de nos despedirmos de Puig, com quem uma romaria de parentes vinha passar os últimos dias antes do exílio. Regina, com o coração varado de saudade, dedicou uma tarde inteira à arrumação da mala do sobrinho. Todas as tias juntas novamente. E Isadora, meio catatônica, baqueada pelas sucessivas perdas, a mãe que nos deixara, o pai e o irmão que se mudavam de país, restando-lhe apenas, de seu núcleo familiar, ela e Bóris, o fiel Schnauzer de 9 anos.

Estávamos tristes, claro, mas já num clima mais ameno, de esperança, de muito orgulho por aquela decisão valente, que exigia desprendimento e espírito de aventura. Puig iria para Londres sem qualquer amparo financeiro ou recomendação. Iria à luta mesmo. Um salto no escuro. E, pelo que tudo indicava, sem volta.

No dia da partida, a família naquele seu peculiar rebuliço, organizamos uma pequena caravana para levá-lo ao aeroporto de Cumbica. Se fosse possível resumir meu estado emocional, seria uma combinação de alegria, orgulho, esperança, melancolia, saudade, perda e ao mesmo tempo apego. Por isso mesmo, me lembrei de carregar comigo o bloquinho de anotações. Queria reportar, *real time*, aquela ciranda de emoções e sensações díspares. Já no carro, no caminho, frases soltas começariam a gritar lá de meu fundo: "Possuímos o que desejamos, mas nem sempre somos o que imaginamos ser"; "Cair pro alto, se arriscar mesmo com o coração mais triste que o fim dos dias"; "Átomo por átomo, a queda não enobrece a quem jamais saiu do chão"; "Entre abismos de abismos das batalhas que lutamos, ombro a ombro"; "O renegado assume as asas que aspirou"; "Os preguiçosos odeiam o mistério"...

Foi uma despedida típica: euforia e brincadeiras para esconder o estupor. Gordo, muito engraçado como sempre, comandava nossa turma com galhardia, camuflando com engenho a tristeza de todos. Com sua característica habilidade, como um Macgyver dos pampas, ainda "fabricaria" uma tranca para a mala do sobrinho, improvisando alguns arames que arranjara numa estante de guardanapos de uma lanchonete.

O RIGOR E A MISERICÓRDIA

O voo é anunciado no alto-falante, as últimas fotos, os últimos abraços, as últimas recomendações, e lá vai o Puig, de passaporte na mão, se colocando na fila do portão de embarque. A Nena começa a soluçar, abraçando Ana Laura. Com um olhar triste, Dona Romilda está concentradíssima na figura do neto.Dodósorri para o irmão. Gordo grita como uma advertência para todos:"Sem chororô, hein? Nada de choro!"

Eu me abraço à Regina, abanando nossos últimos acenos antes de Puig desaparecer na impessoal salada de gente que se espremia no portão.

Todos em direção ao estacionamento...Aquele vazio na alma...E lá vamos nós,de volta pra casa, cada um olhando para o céu,tentando imaginar ser aquela a aeronave que levava Puig à Inglaterra... Mas outra torrente de frases me vem à cabeça, e ponho-me a notar freneticamente: "Rezar é como a morte"; "Cada despedida é como um corpo estranho na ferida"; "A estratosfera te espera e eu só te juro que não vou chorar".

Em casa, sem transição, corri para o estúdio. Precisava decantar aquele amontoado de ideias, de reflexões, de frases, juntá-las a outras já escritas e experimentar sentidos, testar encaixá-las ao tema novo composto na viola caipira. Começava a chuviscar naquele fim de tarde e eu, entidade pluvial a chover por dentro também, não hesitei em começar com algo do tipo: "A chuva que golpeia a pedra, que golpeia o coração de chuva"... Aquilo caíra como luva na abertura. Recorrendo ao indefectível bloquinho, pincei o verso: "Me faz imaginar que todo herói se diverte só." Enquanto o herói se divertia, os preguiçosos seriam aqueles que teimam em me maldizer? "E também me faz lembrar que os preguiçosos odeiam o mistério." (E amam a mentira.) Estava ficando legal... E de bate-pronto inseri: "Possuímos o que desejamos, mas nem sempre somos o que imaginamos ser."

Dei uma respirada, me levantei, fui à porta pegar um ar. Vi o céu cinza, a chuva, meu jardim todo regado, a roseira à frente do estúdio, a fileirinha de pequenos bambus-bebês plantados ao largo de uma escada que não leva a lugar algum. Aquela visão me deu um estalo. Saí correndo ao teclado e escrevi, mentindo um pouco, mesclando as sensações com as anotações do bloquinho: "Céu azul, bambus, despenhadeiros, a cada despedida é como um corpo estranho na ferida / A estratosfera te espera e eu só te juro que não vou chorar."

O próximo verso viria de uma madrugada em que, deitado na cama, tive a ideia de dormir, sonhar um pouco, acordar e anotar. Dormir, sonhar e anotar, tudo num intervalo de tempo muito curto. Me mantinha no limiar entre vigília e sono, tenuemente desperto, e imagens incríveis me brotavam, as quais registrava febrilmente. Uma delas era justamente o *insight* derivado daquela singular experiência: "A poesia é como um sonho que se organiza." E, se assim o é, "rezar é como a morte".

Como num trenzinho caipira, surgiriam enfileirados, todos encadeados, os versos acumulados daquele período de incubação: "Tão sobrenatural como uma nuvem perdida na manhã"; "Cair por alto, se arriscar com o coração mais triste que o fim dos dias"; "Átomo por átomo, a queda não enobrece a quem jamais saiu do chão"... Uau! Com essa sequência, constatei que preenchera toda a primeira parte do tema musical. A dificuldade então se voltava à segunda parte, cuja harmonia modulava radicalmente, transformando de todo o tema, o que me exigiria uma narrativa, ou o que quer que fosse, adequada ao tom de súplica e rejúbilo que exalava daquele pequenino interlúdio. Me vieram à mente as passeatas, a pressão das ruas pela mudança do país, e eis que me ocorreu a sequência: "Em que estrela, meu amor, o teu sorriso andará para encontrar a redenção do meu povo?" Como a textura harmônica dessa parte me remetia a canções de Nelson Gonçalves, recorri a uma espécie de súplica amorosa, simplesmente a título de subterfúgio dramático.

Já a segunda volta dessa harmonia concluí com uma frase musical que saía do tom menor para o maior, dando a sensação de triunfo da alegria sobre a tristeza, para o que recorri aos seguintes versos: "Entre abismos de abismos das batalhas que lutamos, ombro a ombro, vamos celebrar", tudo isso em tom menor, "com uma colher de sol!", em tom maior. E assim terminara a segunda parte, um interlúdio que tinha como principal função conduzir a canção para seu clímax.

Um clímax longo para chuchu!

Numa situação como essa, é aconselhável uma pequena pausa para o cafezinho, e um xixi amigo e inspirador. Espreguicei-me. Sabia que a simples caminhada do estúdio até a cozinha já daria bela oxigenada em meu combalido cerebelo. Saí ao jardim, entrei na sala pelo jardim de inverno e fui em busca da garrafa térmica com café. No breve caminho, não parava de formular as mais diversas combinações e sugestões. Procurava por expressões precisas, com o tom adequado, com a emoção necessária a uma parte tão importante como aquela. Na volta, vi uma romã despencando da árvore, um pica-pau pousado no meio da escada, o Lampião deitado na cadeira da varanda, e aquela cena toda me comoveu, me trouxe um contentamento indizível.

Suspirei de alegria, sentei ao lado de meu gato amigo e, nesse enlevo *filosobólico*, me reapareceu um tema que me vinha martelando a cabeça nos últimos meses: "O universo precisa de nossa observação!" Somos inteligentes porque o universo é inteligente. Todos os nossos sentidos são "desejo e vontade" do universo, numa espécie de *voyeurismo* em *feedback*. Sem essa de que o universo não está nem aí para esses espirros de existência que somos. Não mesmo! Nossa percepção é um imperativo universal. Nós somos o sal do universo. Uma minoria esmagadora que engendra, em seu caos ritmado de organização e entropia, os mais diversos tipos de captação sensorial para metabolizar e doar uma autoconsciência universal... ao universo.

Nós somos o universo a perceber. E isso é lindo.

Um pensamento um tanto esquisito, confesso, mas que me emocionou por demais.

Pensei naqueles temporais de fazer inveja a qualquer Noé em busca de uma arca, aqueles que alagam as noites do Sumaré, e naqueles apagões infindáveis que nos obrigam a observar, a contemplar, a orgia de relâmpagos como única distração, a sentir o clamor do universo a rogar, naquele seu estilo inconfundível... Nascia o refrão tão aguardado.

Corri para o estúdio, rodopiei na cadeira (num misto de alegria e TOC) e desci incontinente ao teclado a seguinte sequência de versos: "Todos os sentidos são do universo / Que o mistério de um beijo bêbado / Escreveu no céu com um relâmpago o seu nome." Me ocorreu então uma paráfrase da célebre "penso, logo existo" de Descartes, que formulei há uma década para o encarte de *A vida é doce*, isolado como uma ilha num oceano (essa, a minha condição mais constante), e que seria perfeita também à minha atual conjuntura: "Penso, logo exilo." Peguei-me de repente conversando com a expressão: "Agora é sua vez de entrar numa música, estimada 'penso, logo exilo!'" E senti uma profunda solidão, que provocaria a dolorida eclosão do próximo verso: "Penso, logo exilo, e um deserto se dilata no perfume da tua falta."

Em meio àquela profusão de sensações, como um surfista sobre uma onda de emoções, engatei uma quinta: "Desespero, sangue, bestial tormenta, esplendor / O tempo é nunca / E será que a energia escura esconde o tal do paraíso?" Para a eternidade, o tempo sempre será nunca, e jamais perecerá na paralisia do desencanto. O momento não se insere necessariamente no tempo. E quantas das idiossincrasias que a ciência produz ou se encoraja a timidamente descobrir, compelidas a conviver sob as mesmas sombras do talvez, não guardam os maiores e mais profundos segredos da existência, da transcendência e do absurdo? Os milagres são uma espécie de potência da vontade de transformação que assombram com seu mistério profundo.

Recorri ao caderninho de anotações ao perceber que me acercava do fim do poema. E fisguei de meus garranchos horrorosos, praticamente ilegíveis, o desfecho daquele drama em forma de canção, daquela saga em forma de poesia, a última frase de tudo que seria dito naquela música e, com toda certeza, de tudo que seria dito em todo aquele disco: "O renegado assume as asas que aspirou e grita: Aleluia, Aleluia!"

Gravar essa epopeia sonora seria, sem a menor dúvida, meu maior desafio no projeto. Uma música como aquela, cheia de partes dinâmicas, de intenções, de respirações, de vozes, e com toda essa variedade de possibilidades para um arranjo, me exigiria muita concentração e imenso poder de síntese. De modo que comecei pelo básico: a gravação da viola caipira, que dobraria num segundo canal, para dar profundidade e estereofonia. Minha atenção subsequente foi toda para a levada de bateria, que elaborei pensando num maracatu ultraestilizado, ponteado no rufo constante da caixa, que também poderia acrescentar um clima de *marcialidade suingada* (se é que isso é possível) ao fluxo rítmico. Na segunda parte, apenas uns comentários nos pratos e, na terceira, o retorno ao *groove* original, como uma espécie de liga de concisão, uma argamassa para tantas partes díspares.

Dediquei um bom tempo a formular, escrever, praticar e gravar a bateria. Dois dias. E, para piorar, um apagão aconteceria no momento exato em que acabara de gravar minha melhor execução, apagando-a. Blasfemei um variado cardápio de impropérios, chutei o bumbo, rosnei, mas a luz não voltou.

Como estava exausto, adiei para a manhã seguinte a nova tentativa, ao fim da qual tinha a bateria pronta. Ao contrário das gravações anteriores, em que, àquela altura, partia naturalmente à elaboração do baixo (de início, pretendia não usá-lo naquela faixa), fui direto para os teclados. Gravei uma miríade deles. Encontrara um *plug-in* do órgão da catedral de Chartres e experimentei inseri-lo, pois havia momentos que requeriam o sublime e o solene. Registrei também uma sessão de cordas, violinos, cellos e contrabaixos, e, em seguida, um *string machine*, para dar uma processada sonora, meio que para "retirar" qualquer pretensão de verossimilhança *kitsch* no arranjo. Descobri uns *plug-ins* de Mellotron com coral masculino e feminino. Gravei-os com muitos efeitos, *flangers*, *delays* e ecos, para ficar bem esquisito, beirando o cafona, o onírico e o celestial. E incluí um Arp 2600, com um *sequencer* bem grave e ritmado, fazendo o papel do baixo na música.

Alguns dias depois, Nena, irmã caçula de Renata, uma exímia musicista, a quem mostrara a canção, me sugeriu que inserisse um baixo para valer na música, e foi contrariado (por pura preguiça, pois ela tinha razão) que me pus a conceber uma complicada e barroca linha de baixo, cuja execução e gravação ainda me dariam um trabalhão dos infernos.

Era uma loucura aquele conjunto... Afinal, gravara uma grade de mais de dez instrumentos tocados (*plug-ins*) no teclado, tudo a ser mixado. O computador se mexia como uma carroça lotada.

Quanto ao vocal, enquanto colocava a voz na primeira parte da canção, tive ímpetos de chamar Zé Ramalho para cantar, mas acabei gravando eu mesmo, sempre me inspirando em Inri Cristo nas regiões de contrição e solenidade. Inri, para mim, é como se fosse um *plug-in* interpretativo dos mais importantes. Na segunda parte, me lembrei de Altemar Dutra e, na terceira, pensei em mim mesmo e um pouco em Caetano Veloso, naqueles seus momentos de *tremelicação gogozífera* (em outras palavras, naquele vibrato de "Cucurrucucú Paloma").

O resultado, no todo, me embevecia, e eu já chorava, o que é parte integral de meu protocolo de aferição e legitimação para que uma música comece a existir... Mas ainda faltava um algo mais, um não sei o quê.

Sim! Uma guitarrinha etérea, para dar aquele toque *viajandão* na atmosfera (meu Deus, como sou riponga de quando em vez!), com pedal de volume, muito *reverber* e muitos *delays*, e ainda uma com *wah-wah* (tipo Shaft), para alcançar mais suingue na levada.

Ao final da gravação, sabia que havia criado uma das coisas mais interessantes e, por que não dizer, delirantes de minha carreira. "Santo Deus!" Foi o que proferi ao terminar. Sentia-me, como diria Nelson Rodrigues, varado de luz. Acho que nunca experimentei tal sensação de felicidade, de preenchimento, de unificação com o cosmo. Naquele momento, me transformara em um céu repleto de fogos de artifício, onde espocava uma luz *ejaculante* de júbilo. Eu acabara de compor e de gravar o refrão mais longo de toda minha trajetória musical. (Mentira: na empolgação, omiti que "A vida é doce" tem refrão tão longo quanto.) Teria, no entanto, acabado de escrever e gravar a canção mais bonita que já compusera? Será?

Talvez.

Seja como for, aquela música era mesmo a síntese de uma época, de um momento, daquele momento, do disco, de tudo que sentia, imaginava, ansiava, lutava e amava: a chuva, a pedra, o coração de chuva que choro, a partida de Puig, a solidão amiga, a saudade, o jardim de casa, a disciplina do dia a dia, os gatos, a estrada, as viagens, o aconchego, o jardim do meu céu, os meus despenhadeiros, os meus bambus, os meus arco-íris, os apagões, os apagões da inteligência, a desatenção presunçosa dos que teimam em me maldizer (os preguiçosos), a compaixão verdadeira pelos nossos inimigos, meus livros, meus mortos, meus amigos, o céu do Sumaré, as tempestades, os relâmpagos, uma taça de vinho, o beijo, minha mulher amada, minha família, que é a dela, as lutas do povo, as passeatas, a redenção, o universo, a eternidade, meu pai, minha filha, meu neto, o paraíso escondido em cada buraco negro, o triunfo da beleza de acreditar, perceber e utilizar, em plena cumplicidade, a sublime proporção que também é a razão e que também é a emoção.

A liberdade de ousadia do renegado, eu?, Puig?, o povo brasileiro?, abrindo suas asas, nascendo da opressão, gritando sua alegria infinita, a vitória da perseverança, do arrojo, do amor e da misericórdia: Aleluia! Aleluia!

Minha linda canção já nascia batizada: "O rigor e a misericórdia." Como não? O título do disco seria também o da música. Era necessário. O rigor e a misericórdia. Aquele conceito perseguido, finalmente incorporado, pela criação, em mim, para além de mim, encarnado e exuberantemente vivo nas formas mais poderosas e delicadas da existência: a da vontade, da conduta, da busca, da entrega, da doação, do livro, do poema, da canção.

> A chuva que golpeia a pedra
> Que golpeia o coração da chuva
> Me faz imaginar que todo herói se diverte só
> E também me faz lembrar
> Que os preguiçosos odeiam o mistério
> Possuímos o que desejamos
> Mas nem sempre somos o que imaginamos ser

EM BUSCA DO RIGOR E DA MISERICÓRDIA

Céu azul, bambus, despenhadeiros
E a cada despedida
É como um corpo estranho na ferida
A estratosfera te espera
E eu só te juro que não vou chorar
A poesia é como um sonho que se organiza
E rezar é como a morte
Tão sobrenatural como uma nuvem
Perdida no silêncio da manhã
Cair pro alto, se arriscar
Mesmo com o coração mais triste que o fim dos dias
Átomo por átomo,
A queda não enobrece a quem jamais saiu do chão
Em que estrela, meu amor, o teu sorriso andará
Para encontrar a redenção... Do meu povo?
Entre abismos de abismos das batalhas que lutamos,
Ombro a ombro, vamos celebrar...
Com uma colher de sol!
Todos os sentidos são do universo
Que o mistério de um beijo bêbado
Escreveu no céu com um relâmpago o seu nome
Penso, logo exilo
E um deserto se dilata no perfume...
Da tua falta
Desespero, sangue, bestial tormenta, esplendor
O tempo é nunca
E será que a energia escura esconde o tal do paraíso?
O renegado assume as asas que aspirou
E grita: Aleluia! Aleluia!

Epílogo
Uma prece

Nosso país é, desafortunadamente, um acúmulo de reticências. Escrevo este epílogo em julho de 2015, olho, encaro o Brasil e só vejo sombras. Temos um governo morto, uma presidente desmoralizada, um partido ridicularizado por seus feitos caricaturais e autoritários, um ex-presidente em pleno exercício do descrédito, às portas da cadeia. E, no entanto, nesse cenário de desterro, por mais absurdo que seja, essa corja, através de mais falcatruas, pode ainda prevalecer sobre o povo brasileiro e permanecer no poder. Não há projeto para o país, mas apenas um plano de permanência, de perpetuação.

Que tenhamos forças e determinação para impedir esse desastre.

O que será do Brasil? O que nos guardam as ruas? Que rumo nosso povo conseguirá dar ao futuro? Será um mais digno, mais honesto, mais desenvolvido? Será que conseguiremos virar a página desse capítulo amargo, chinfrim e tão duradouro que é a onipresença opressiva da esquerda no pensamento e na cultura brasileiros? Até quando teremos de engolir esses intelectuais frouxos e recalcados a regurgitar teses emboloradas revestidas de mais irrealidade e mentira? Haverá real oportunidade para reformas políticas que nos promovam a um país verdadeiramente democrático?

Deveríamos elaborar uma Constituição mais enxuta e objetiva, à prova de tantos remendos. Deveríamos exigir uma reforma tributária imediata, que resultasse em menos peso sobre nós, sobre quem produz, sobre quem empreende, sobre quem emprega. Deveríamos cobrar uma revisão profunda na distribuição do dinheiro público, erradamente centralizado no governo federal. Deveríamos exigir um retorno substantivo do que nos tomam sob a forma de infraestrutura decente e moderna.

Quando poderemos ter o orgulho de dizer que afinal somos um país próspero, gentil, amoroso, pacífico, democrático, educado, seguro, saudável, com respeitada projeção internacional, com pujante produção cultural, onde todos se sintam em sua casa, onde não haja caça ao contraditório, linchamentos morais ou tentativas de banimento, onde o ódio entre irmãos, entre classes, raças, gêneros, não tenha vez, onde essa estimulada divisão nós contra eles, povo e elite, seja encarada como o que é: estratégia vulgar, cafona, indecente, de controle social e de manutenção de poder. O Brasil precisa de cooperação e afeto, de um ambiente em

EPÍLOGO

que a competição seja valorizada, desejada, entendida como combustível para o desenvolvimento.

Que nosso país abandone por completo a grotesca e retrógrada síndrome *macunaímica*, essa malandragem bocó, esse orgulho borocoxô pelo seu próprio atraso e sua suposta pobreza. Que rejeite os vícios de uma republiqueta nanica e insignificante como a que habitamos hoje, essa que se jacta de seus folclóricos embustes e que rumina uma paralisia constrangedora de terra do nunca. Que possamos em breve nos orgulhar de integrarmos uma comunidade de cidadãos unidos apesar de nossas saudáveis e necessárias diferenças de opinião e credo. Que possamos ter o privilégio de desfrutar o resultado de nosso empenho e de nossa luta, e viver em um Brasil que ofereça condições à ascensão de grandes homens e grandes mulheres, ao surgimento de lideranças em todas as áreas de atuação humana.

Que assim seja!

Este livro foi composto na tipografia Palatino
LT Std, em corpo 12/17, e impresso em papel
off-white no Sistema Digital Instant Duplex
da Divisão Gráfica da Distribuidora Record.